Camille Laurens

Es ist ein Mädchen

»Ich wusste nicht, wie sehnend ich auf genau dieses Buch gewartet habe. ›Es ist ein Mädchen‹ ist klug, klar, witzig und erschütternd – vor allem aber so, so nötig!«

Maria-Christina Piwowarski

»Camille Laurens gilt, ehe der Begriff zu einer Modevokabel wurde, als Meisterin der Autofiktion.«

Rainer Moritz, Deutschlandfunk Kultur

»Es ist eine Freude, dieses Buch zu lesen – aller thematischen Wucht zum Trotz. Über 250 Seiten bewundert man die Sprachspiele, die sich stellenweise lesen wie in einem Prozess ›Frau gegen Gesellschaft‹.«

Thibaud Schremser, Bayern 2 ›Diwan‹

»Camille Laurens seziert ein Frauenleben in Frankreich – amüsant, bissig und mit erschütternder Klarheit.«

Brigitte Woman

Camille Laurens, 1957 in Dijon geboren, für ihre Romane vielfach ausgezeichnet, schreibt daneben noch Theaterstücke und Essays und unterrichtet an der Sciences Po. Seit 2020 ist sie als Nachfolgerin von Virginie Despentes Mitglied der Académie Goncourt.

Lis Künzli lebt in Toulouse und hat unter anderem Pascale Hugues und Marivaux ins Deutsche übertragen. 2009 erhielt sie den Eugen-Helmlé-Übersetzerpreis.

CAMILLE LAURENS

ES IST EIN MÄDCHEN

Roman

Aus dem Französischen
von Lis Künzli

dtv

Von Camille Laurens ist bei dtv außerdem lieferbar:
So wie du mich willst

MIX
Papier aus verantwortungsvollen Quellen
FSC® C019821

Die Originalausgabe erschien 2020 unter dem Titel ›Fille‹
bei Gallimard in Paris.

Umschlaggestaltung: dtv nach einem Entwurf von
Lübbeke Naumann Thoben, Köln
Umschlagmotiv: »egal was kommt« von Karoline Kroiß
Satz: Fotosatz Amann, Memmingen
Druck und Bindung: Druckerei C.H.Beck, Nördlingen
Printed in Germany · ISBN 978-3-423-14875-7

Einem Mädchen:
meiner wundervollen Tochter

I

1

»Es ist ein Mädchen.«

Es beginnt mit einem Wort, wie das Licht oder wie die Finsternis. Deine Geburt gleicht der Erschaffung der Welt, es wurde Himmel und es wurde Erde, ein Wort scheidet den Raum, spaltet die Menge, trennt die Zeit. Nicht Gott jedoch hat es gesprochen, damit du es gleich weißt, es war Catherine Bernard, Hebamme in der Klinik Sainte-Agathe, in der die Wanduhr Viertel nach fünf anzeigt. Sie hat die Verkündigung nicht vorbereitet, sie hat nichts gewünscht und nichts entschieden, sie ist Nonne und von daher recht offen in der Frage, doch das Ergebnis ist dasselbe: Sie spricht es aus. Während sie dich zur Welt befördert, benennt sie dich, unter ihrer unbefleckten Haube fällt die jungfräuliche Braut Gottes das Verdikt, sie hebt dich in die Welt, indem sie dich benennt. Du gehst aus einem Wort hervor wie aus einer Rose, du entsprießt der Sprache. Du bist noch nichts, kaum ein Subjekt, gelangst unter Mühen zur Existenz; du kannst noch nicht sagen »ich bin«, niemand sagt »sie ist«, nicht mal in der Vergangenheit, »und das Mädchen war«, nicht mal mit dem unbestimmten Artikel, »und ein Mädchen war«, so was sagt man nicht. Im Übrigen bist du ganz und gar nicht unbestimmt, oh nein, du bist alles andere als unbestimmt geboren, da ist bereits das vielsagende »das«. Du bist im Gegenteil ein eindeutig bestimmter Artikel. Die Tatsachen sprechen für sich. Als Mädchen geboren. So ist es, es ist raus, es hallt durch den Raum – weißes Zimmer, Wasserflasche, schmales Bett, Kruzifix. Deine Geburt ist ein banales Geheimnis. Ein kleines Häufchen, ans Licht der Welt gepresst. Ein Schisma spielt sich ab, aber wo nur? Es gibt einen Abend und einen Morgen. Das eine folgt auf das andere, das eine geht in das andere über. Du nicht. Du bist nicht wandelbar. Es ist, wie es ist. Zu spät, keine Feen werden sich über deine Wiege beugen. Die Sache ist gelaufen. Mit dem Kopf nach unten betrittst du die Szene, an die freie Luft wirst du entbunden, na ja, frei, das ist so dahingesagt, denn tags oder nachts, abends oder morgens, es wird nie mehr etwas anderes sein als das, was ist. Du schreist, du brüllst, die Wahrheit ist kalt, die dir die Lungen füllt, es schreit und schafft ein raues Gefühl von Trennung, du spürst nur, dass sich etwas teilt, aus eins wird zwei, ein Schnitt, es ist entzwei. Deine Geburt trennt dich von deiner Mutter, die ebenfalls ein Mädchen ist, das ist bekannt, und im selben Atemzug von der gesamten Menschheit, die nicht den Namen Mädchen trägt. Das entgegengesetzte Wort wird nicht gesprochen, und das mit Grund, aber es schwebt doch still durch den Äther des Zimmers, das gegenteilige Wort setzt den Effekt einer Schablone in die Luft, *der* Embryo, *der* Fötus, *der* Säugling: Bis dahin hattest du das Geschlecht auf deiner Seite. Ein paar Sekunden lang, sie oder er, war alles möglich, die Grammatik schwebte noch über ihrer Landschaft, jetzt hat man dir die Flügel gestutzt (sonst nichts?), du bist einsamer als Robinson, doch es ist getan, die Plazenta ist raus, der Mutterkuchen gegessen. Gott, als Junge geboren, wie man sagt, Vater eines Sohnes, wie man glaubt, Gott ist ein Kind, das mit Würfeln spielt: Es ist ein Mädchen.

»Es ist ein Mädchen.«

Die Stimme, die den Auftakt gibt, hat keinen besonderen Tonfall, höchstens dass ein zufriedenes »Das wäre geschafft« durchklingt. Catherine Bernard hebt gern einen, wenn sie nicht im Dienst ist, aber bis jetzt war ihre Leistung davon nicht tangiert. Wie viele Frauen hat sie nicht zu Müttern gemacht, oh ja, wie viele von ihrer Leibesfrucht entbunden. Doch man kann nachbohren, so viel man will, man findet keine Präferenz – eine Ambivalenz, wenn's hochkommt: Ein neugeborener Junge erinnert sie stets an den kleinen Jesus in der Krippe, an das Heilige ihres Berufs und die Geburt Christi. Aber Mädchen sind ihr weniger fremd, das Waschen geht leichter von der Hand. Und da wir gerade dabei sind, eigentlich verbringt sie recht viel Zeit damit, Geschlechtsteile zu befingern. Die der Jungen sind riesig im Verhältnis zum übrigen Körper, hormongeschwollen, man sieht nichts anderes mehr. Die der Mädchen, unauffällig, sind ihr weniger genierlich, auch wenn das töricht ist. Herr, vergib mir meine Gedanken.

»Es ist ein Mädchen.«

Am anderen Ende von Schwester Catherines Satz befinden sich deine Eltern, für die er bestimmt ist und die dafür zuständig sind, die Mädchenmacher, die Verursacher der ganzen Schererei – wer von beiden, er oder sie, hat zum Zeitpunkt t irgendetwas falsch gemacht? Das jedoch ist im Augenblick nicht der springende Punkt, den Schwarzen Peter wird man sich später zuschieben, um seiner Enttäuschung Luft zu machen. Sie nehmen die Nachricht entgegen. Im Moment, da sie sie erwarten, da sie dich erwarten, sind sie ganz und gar im Ungewissen. Sie haben nicht gesehen, wie du auf einem Leuchtbildschirm von einem Weißkittel untersucht wirst, den opaken mütterlichen Bauch durchdringst und deine Hände die flüssige Luft aufwirbeln, während sie der erlösenden Losung, dem entscheidenden, stets zweifelbehafteten Satz (das Berufsgewissen!) entgegenfiebern, ergriffen durch ihre persönliche Deutung (so wie es sich bewegt, ist es bestimmt ein …), der Verkündigung des Orakels, der wahrscheinlichen Wahrheit, nicht dem Satz: »Es ist ein Mädchen«, sondern seinem vorsichtigen Äquivalent, das in etwa ein Synonym dafür ist: »Ich sehe nichts.« Sie wurden nicht darüber informiert, dass du da, wo es sich formen sollte, formlos bist. »Ich sehe nichts«, man verstehe: »Es ist ein Mädchen.« Da gibt es nichts zu sehen, weitergehen, nicht stehen bleiben, es ist ein Mädchen. Deine Eltern hören keine solche Ankündigung und erwarten sie auch nicht, denn die Apparate zu diesem Zweck sind noch nicht erfunden. Wir befinden uns im Jahr 1959. Von der Sohn-o-grafie kennt man gerade erst die Idee; die Technik erzeugt noch nicht die gelierte Welle von Sehnen und Bangen, kein Bild erfasst die Fruchtwasserathleten, da kannst du Glieder bilden, so viele du willst, sogar das eine, kleine, mit Fußtritten Himmel und Hölle in Bewegung setzen, die Spannung bleibt bis zum Schluss, und vergeblich sind deine Zehengrüße, allen Voraussagen zum Trotz: keine Übelkeit, es ist ein Junge, ständig Brechreiz, es ist ein Mädchen; Libido auf dem Höhepunkt, es ist ein Junge, die Lust im Keller, es ist ein Mädchen. Heißhunger auf Salz, Heißhunger auf Zucker? Die Mädchen sind vernascht, das weiß doch jeder. Runde Kugel, Grund zu Jubel; Rugby-Oval, dann ein andermal. (»Pff«, sagt dein Rugbystar von einem Großvater, der 1925 im ausverkauften Stadion die All Blacks austrickste.) Doch es gibt auch geheimere Theorien, die unter Gebärenden zwischen zwei hechelnden Atemzügen von Ohr zu Ohr gelangen: Ist man während der Empfängnis gekommen, ist es ein Junge, hat man nichts gespürt, dann ist es ein Mädchen. Deine Mutter ist besorgt.

Sehr originell ist die Botschaft nicht, da du nicht das erste Mädchen der Familie bist. Du bist das zweite Mädchen und die letzte Chance, denn eine Fortsetzung ist nicht geplant (man täuscht sich). Du bist nicht nur ein Mädchen, du bist noch ein Mädchen. Du folgst auf ein Mädchen. Deine Schwester (das wirst du bald begreifen), deine Schwester ist vor dir geboren – du bist es, die sie durch deine Geburt zur Schwester macht, du bist es, die euch beide auf diesen anderen Mädchennamen tauft, auf den gemeinsamen Namen Schwester (sie will keine haben, weder dich noch eine andere). Deine ältere Schwester hat man ohne allzu großes Tamtam in Empfang genommen, komme, was wolle. Man hat sie aber doch Claude genannt, ein Name, der für beides geht, ein kleiner Wink an den lieben Gott (an den man nicht glaubt): Na, siehst du, wir haben erwartet, gedacht, gehofft … Du, die Zweite, verstörst. »Es ist noch ein Mädchen«: Du bist eine Hiobsbotschaft. Mit dir hat man nicht gerechnet. Schon deine Schwester war nicht gerade erste Wahl, dir blieb im Grunde keine. Du bist kein Wunschmädchen.

Dabei hat sich dein Vater extra herbemüht. Erwartungsvoll wohnt er deiner Entbindung bei. Das ist zehn Jahre vor dem Mai Achtundsechzig noch nicht die Regel; die Väter werden von dem geweiteten Geschlecht der Frauen auf Distanz gehalten, von dem Schmerz, der in einem Duft von Kacke und Blut in ihnen aufsteigt, von dem Stöhnen wie bei einem krepierenden Tier. Sie würden sich nicht mehr davon erholen, heißt es, es mache sie gar impotent. Man schützt die Männer vor der Schlappe und die Paare vor dem Ekel vor sich selbst. Für deinen Vater jedoch hat man eine Ausnahme gemacht, man hat ihn für robust genug gehalten, um im Kreißsaal zu bleiben, schließlich ist er mit von der Partie, zumindest fast: Er ist Zahnarzt. Und somit an klaffende Löcher gewöhnt, er wird beim Anblick blutiger Schleimhaut kaum in Schockstarre fallen. Mit der Mundhöhle vertraut, wird er sich nicht von einer gezahnten Vagina einschüchtern lassen. Plopp, in Ohnmacht fallen und für den Rest des Lebens durch den gruseligen Anblick kastriert sein. Er hat es jeden Tag mit … Nein, Moment … Nicht dein Vater ist Zahnarzt, so ein Blödsinn, Doktor Galiot ist Zahnarzt, den deiner eben in einer Rauchwolke vor dem Hebammenzimmer angetroffen hat; er wird dein Zahnarzt sein, wenn du mal Zähne haben wirst, und sein Sohn, den er, ohne seine Kippe auszumachen, gerade in den Arm nehmen will, wird in der Siebten und Achten mit dir gehen – Jérôme Galiot, ein kleiner, am selben Tag wie du geborener Dummkopf, dein falscher Zwilling, der mit seinen schwachen Witzen den Ausdruck »starkes Geschlecht« Lügen strafen wird, im Augenblick jedoch ist er die Trophäe seiner Eltern in der Klinik Sainte-Agathe zu Rouen und hat, eine Viertelstunde früher gekommen, eine knappe Länge Vorsprung auf dich. Nein, dein Vater ist Allgemeinmediziner, in der Rue Jeanne-d'Arc, und er hatte bereits einen Namen für dich parat : Jean-Matthieu. Jean wie sein eigener Vater und Matthieu wie er selbst, zur Ehre der Männer der Familie und der beiden schönsten Evangelien, wie der Ungläubige behauptet, Johannes und Matthäus. Man hat in der Praxis angerufen, es gehe los, er lässt alles stehen und liegen und eilt herbei, verschwindet wieder und kommt um fünf Uhr morgens zurück, als ein Duft von XY-Chromosom in der nächtlichen Luft liegt, diesmal ist es so weit, es ist ein Junge, er fühlt es, er will dabei sein. Er grüßt im Vorbeigehen Doktor Galiot, »herzlichen Glückwunsch«, und stürzt in dem Moment in den Kreißsaal hinein, als du aus dem Schlund herausschaust.

Schwester Catherine, nicht sehr begeistert über diesen Eindringling, glättet ihre Schürze, als hätte man sie nackt ertappt, er hat kaum Zeit, einen Blick auf deinen Schädel zu erhaschen, kommandiert sie ihn an die Seite deiner ahnungslosen und benommenen Mutter: Hier wird keiner bevorzugt, und es gehört sich so. Den spärlichen Strähnen nach zu schließen, die auf deinem Kopf kleben, bist du männlichen Geschlechts, mit Sicherheit, man kann dir sogar, ohne sich zu weit vorzuwagen, um die fünfzig eine rasante Alopezie voraussagen, lange vor der Glatze: Dein Vater macht Witze, aber niemand lacht, deine Mutter leidet Höllenqualen, sie hat sie vergessen, diese Pein, sie wird dir kein Wort davon sagen, denn der körperliche Schmerz löscht sich prompter aus dem Gedächtnis als die Lust, die Natur ist gut gemacht, und du wirst diesen ultimativen Schmerz der als Mädchen Geborenen noch früh genug erfahren. Dein Vater steht neben dem Bett und hält zerstreut die Maske deiner Mutter, der es an Sauerstoff und Zärtlichkeit fehlt, den Hals zu Schwester Catherine gedreht, die sich in die Strapazen der Geburt miteinbezieht, »los, wir pressen, los, wir atmen, chh, chh, weiter geht's, noch einmal, wir schieben die Schultern durch«, wie viele Kinder hat sie nicht mit Worten zur Welt gebracht? Die Entbindung steht kurz bevor, und dein Vater, im Atemstillstand des Ungeborenen, glaubt plötzlich nicht mehr daran, die Gurgel zugeschnürt, die Stimme abgewürgt, schwankt er am Rande des Abgrunds. »Was ist es?«, fragt die Mutter zwischen zwei Atemstößen, es ist zu früh, noch ein letztes Mal pressen, wie das stinkt, nicht gerade ladylike, und doch, da haben wir's, dein Vater fällt in sich zusammen, hat er wirklich dran geglaubt? Was ist es? Ein Flop.

Man legt dich auf den Bauch deiner Mutter, Hallöchen,

sagt dein Vater angesichts der unleugbaren Vulva. Du schreist. Mechanisch ringt er sich zu einem Lächeln durch und weicht zurück. Du weinst nicht, du brüllst, du schreist dir die Lunge aus dem Hals, was für ein Brustkasten, fürs Ohr ist kein Unterschied. Eine Stentorstimme, drei Kilo neunhundert, zweiundfünfzig Zentimeter, viel hätte nicht gefehlt. Dein Vater zieht sich zurück. Das alles erschöpft ihn auf einmal, er ist ausgelaugt, geht schlafen – die Nabelschnur, das Stillen, das Bad, das ist nichts für ihn, in vier Stunden ist wieder Sprechstunde. Die Familie in der Ardèche anrufen und aufpassen, dass die Stimme nicht entgleitet: »Es ist ein Mädchen ... Ja, ja, das ist doch auch gut.« Ein Mädchen. So, es ist raus, es ist getan. Der Champagner wird im Peugeot 403 bleiben. Bei einem Jungen wäre er beim ersten Bad dabei gewesen, für das Vergnügen, die Geschlechtsvorteile schwimmen zu sehen. Während bei einem Mädchen ... Da ist ja nichts. Nicht, dass er unglücklich wäre, das nicht. Es fehlt nur ein winziges kleines Teil zu seinem Glück, das ist alles. Er drückt sich an der Wand entlang, um nicht Doktor Galiot in die Arme zu laufen, trifft aber am Eingang des Parkplatzes auf ihn. »Und?« – »Es ist ein Mädchen.« – »Ah! Das ist doch auch gut.«

»Es ist ein Mädchen.«

Bei genauerem Nachdenken ist es vielleicht gar nicht der erste Satz, den du hörst – denn dass du ihn hörst, steht außer Zweifel: Man weiß nicht genau, was die Babys bei ihrer Geburt sehen, ob sie ganz zu Beginn mehr oder weniger blind oder kurzsichtig sind, aber dass sie taub sind, hat noch nie jemand behauptet. Es heißt sogar, dass sie schon *in utero* Töne hören, mehrere Monate, bevor sie auf die Welt kommen, dass sie, verformt durch die Geräusche von Darm und Fruchtwasser, die Stimme ihrer Mutter oder deren Vibration vernehmen, und das Klopf, klopf des Vaters auf dem Bauch, falls es existiert, oder die Musik, wenn sie laut genug gespielt wird. Was dich angeht, so hat dein Vater wohl kaum das Gespräch mit dir gesucht vor deiner Geburt, es ist nicht sein Stil, mit Unbekannt*innen zu diskutieren. Es bestehen auch nur geringe Chancen, dass du Bach-Kantaten oder Mozart-Sonaten gelauscht hast, denn er hört seine Platten erst spätabends, zu einer Zeit, da eine schwangere Frau ins Bett gehört. Wenn dein Vater hingegen nicht da ist, morgens, nachmittags, läuft auf dem Plattenspieler in Endlosschleife der Hit des letzten Jahres, *Only You*, von den Platters gegurrt, *You're my dream come true, my one and only you*, denn deine Mutter hat die Single gleich am Tag ihres Erscheinens erstanden. Oder Doris Day, *Qué será, será, whatever will be, will be …* Vielleicht hast du also vor deinem Antrittssatz, während deines polyglotten Werdeprozesses ein paar Brocken Englisch aufgeschnappt, im Schwimmbeckenmodus, einer Sprache, die du später übersetzen wirst, wenn das dein Beruf geworden ist, *du bist mein Traum, der Wirklichkeit geworden*, und sogar drei Wörter Spanisch, wie durch Ohrstöpsel hindurch, *Was sein wird, wird sein (man hat keinen Einfluss auf das, was kommt)*, Letzteres passender als Ersteres zum freudigen Ereignis, denn was ist, ist definitiv nicht, was man erträumt hat, denn was in Wirklichkeit gekommen ist, das bist du, das heißt, bist nur du. Mit sechs Monaten deiner Entwicklung bist du also ganz Ohr, bereit, erst die Refrains deiner späteren Existenz zu hören, und dann, an der Schwelle zur äußeren Welt, gleichzeitig das Platsch des schräg auf der relativ glatten Oberfläche des Schweigens aufprallenden Steines (»Es ist ein Mädchen.«) und die Kiesel, die von Mund zu Mund springen (»Das ist doch auch gut.«, »Dann klappt es das nächste Mal.«, »Mädchen sind pflegeleichter.«, »Übung macht den Meister.«).

Du wirst in einen weißen Strampler eingewickelt, von deiner Großmutter gestrickt, die das Schicksal nicht herausfordern wollte. Kennst du die Geschichte von den beiden Babys auf der Geburtsstation? Zwei Babys sind zur Welt gekommen, sie liegen nebeneinander im Säuglingszimmer. Das erste sagt zum zweiten: »Was bist du? Ein Junge oder ein Mädchen?« – »Weiß ich nicht«, antwortet das andere. »Warte mal, bis die Schwester gegangen ist«, sagt das erste und beugt sich dann über seine Wiege. Es hebt die Decke, schaut drunter und sagt: »Du bist ein Junge.« – »Woher weißt du das?«, fragt das andere. »Ganz einfach, du hast blaue Söckchen.« Bei dir hat man Vorsicht walten lassen, bei dir hat man es sich verkniffen, himmelblau zu stricken, die Wände in Veilchenfarbe zu streichen, im wartenden Zimmer eine ultramarine Bordüre zu kleben. Man wollte nicht zu blauäugig sein. Man soll den Tag nicht loben, bevor das Kind geschaukelt ist. Aber man hat sich auch nicht mit den Bonbonfarben, Lachs oder Zartrosa, reingesteigert, selbst Eierschale hat man verworfen zugunsten eines reinen Schneeweiß (jungfräulich), auf das dann das Schicksal und die Chromosomen Rot (Blut) oder Blau (König) werfen würden: Die Natur, nicht der Traum schreibt die Märchen. Das Zögern jedoch wird bald mit den Geburtsgeschenken wettgemacht. Häschen, Rassel, Mütze, Frotteetuch, du wirst das Leben in Rosarot sehen – rosa wie Grace Kellys Kleid, das alle Frauen kopieren, seit sie ihren Prinzen geheiratet hat. Selbst die Sicherheitsnadeln, die deine Windeln zusammenhalten, werden rosa sein – denn ja, du bist kurz vor dem historischen Übergang von den waschbaren zu den Wegwerfwindeln geboren worden; das macht dich nicht jünger, ich weiß. Und macht es deiner Mutter nicht einfacher, wie du dir vorstellen kannst. Diese schneeweiße Säuglingsausstattung indessen war keine so grandiose Idee. Da deine Großmutter für mindestens sechs Monate vorgestrickt hat, Strampler und Jäckchen und Höschen und Söckchen, alles in neutralem Weiß, muss deine Mutter den Passanten auf der Straße, den Nachbarn aus dem Haus, den Patienten ihres Mannes, die sich neugierig und ohne jeden Anhaltspunkt über den Kinderwagen beugen, »Was ist es denn?«, oder »Wie heißt es denn?«, ohne Unterlass antworten: »Es ist ein Mädchen«, oder gar, es ist der Gipfel, diejenigen eines Besseren belehren, die sich wundern ob deiner Statur: »Doch, doch, ich versichere Ihnen, es ist ein Mädchen.«

Am Morgen begibt sich dein Vater ins Rathaus, um deine Geburt anzumelden, an der er was vermisst, deine Missgeburt, aber nein, so weit wird er nicht gehen. Vor dem Beamten erinnert er sich nicht mehr an den Namen, für den man sich entschieden hat für den Fall der Fälle, sollte es auf Teufel komm r… Was war es noch mal? Juliette, wie deine Patentante? Nein, das geht nicht, das kommt von Julia, das ist das Pendant zu Romeo, sein Anhängsel sozusagen, von wegen Anhängsel, hängt ja gar nichts dran, ha, ha! Julia, das ist der Nullpunkt des Pimmels, die ständige Erwartung dessen, was sie nicht ist, was sie nicht hat, das lebenslängliche Suffix, Juliette ist die kleine Julia, der Inbegriff des Diminutiv-Mädchens, niedlich, herzig, das auf ewig verkleinerte Mädchen, die ewig verkleinerte Julia, das Balkonliebchen, Romeo, der Held, glänzt hier indirekt durch seine Abwesenheit. Man muss dazu sagen, dass dein Vater Barraqué heißt, mit zwei R, wie er stets präzisiert, doppelt genäht hält besser. Jean-Matthieu Barraqué, da weiß man, was man hat. Während hier … Die Namenkunde ist nicht sein Ding – und wird dir das Leben auch nicht erleichtern, nebenbei gesagt. Aber was denn nun? Nathalie? Annie? Sophie? – der Walzer der stummen E, der Tango der Stummen. Martine? (Aber sonst geht's gut?!) Jeannine? Na ja. Josette? Nein (Uff!). Er ist völlig überfordert. Da fällt ihm ein Film ein, den er vor Kurzem im Kino gesehen hat, *Der Prinz und die Tänzerin*, mit Marilyn Monroe und Laurence Oliver. Marilyn Monroe ist die Tänzerin. Also Marilyn? Mit einem E dran, damit es französischer ist? Marilyne. Nicht schlecht … Aber wenn du hässlich wirst? Wenn du nicht genug entwickelst, dass die Hand eines anständigen Mannes ordentlich was zu fassen bekommt. Marilyne, das ist kein Geschenk. Das ist ein Gewicht auf den Schultern. Und auf den Brüsten, und auf dem Po. (Und dann Marilyne Barraqué, hm. So blöd ist dein Vater nun auch wieder nicht.) Das ist wie Juliette, nur in einem anderen Stil: zu auffällig. Warum nicht Carmen, wenn wir schon dabei sind? Aber was würde Simone, deine Mutter, dazu sagen? Das wäre ja, als lege man ihr eine Rivalin in die Wiege. Der Prinz hingegen …

»Vorname des Kindes?«, wiederholt der Zivilstandesbeamte. Laurence Olivier … Dein Vater sieht ihm ähnlich, nebenbei bemerkt, man hat es ihm schon mehr als einmal gesagt (und auch Sean Connery. In *Tyrone Power* ein bisschen). Laurence Olivier. Ein finsterer Schönling, genau wie er. Sohn eines Pastors (Anglikaner, aber gut …), grandioser Schauspieler (er hat Romeo gespielt, da haben wir's doch). Verdacht auf Homosexualität? Das weiß dein Vater nicht, er hört nicht auf Lästerzungen. »Laurence«, sagt er. Laurence, vom lateinischen *laurus*, Lorbeer, (gekrönt mit) Lorbeeren (dein Vater ist keine Leuchte in Etymologie, aber er ist Arzt, er kennt die Pflanzen bei ihren lateinischen Namen). Du wirst also ein griechischer Athlet, ein römischer Tribun, mit einer Krone um die Stirn. Du wirst Spartakus sein, du wirst Romeo sein, Caesar, Apollon, Napoleon, wenn's sein muss. Du wirst ein Prinz sein, meine Tochter. Zumindest bei den Inselaffen. Du wirst Laurence sein, der ewige Laureat. Oder die ewige Laureat*in, wenn dir das lieber ist (der Vater ist versöhnlich am Tag deiner Geburt. »Inklusive Schreibweise? Was soll der Quatsch«, wird er sechzig Jahre später zu dir sagen, »die Frau ist doch schon im Mann enthalten.«).

Später kommt er mit deiner Schwester Claude zurück, die noch keine Ahnung hat, dass man dich nach Hause bringen wird, und das ganze Brimborium nicht versteht, das um dich gemacht wird, was alle an dir finden. Im Wesentlichen: der Mund von Onkel Albert (du Ärmste), die Nase von Omi Marcelle (umso besser), große Füße für dein Alter (zwölfeinhalb Stunden), und dann die schmalen Augen, man fragt sich, wo die wohl herkommen. Zwei Schlitze mitten im Gesicht: Du siehst asiatisch aus (aber nicht mongolisch, versprochen). »Ich habe Schwester Catherine gefragt, warum meine Tochter ein Chinesengesicht hat«, sagt dein Vater, um ein bisschen für Unterhaltung zu sorgen (und von seiner Gedächtnislücke im Rathaus abzulenken). »Sie hat mir etwas von Gelbsucht erzählt, von Genetik, göttlichem Willen: Sie konnte mich nicht ganz überzeugen. Und als ich nachhakte, sagte sie: ›Na ja, es kann auch ein postnataler Faktor im Spiel sein.‹ Ah, wusste ich es doch, dass der Postbote damit zu tun hat …«

Alle lachen, außer deine Urgroßmutter (sie wird sich den Briefträger genau ansehen). Laurence, *l'eau rance*, ranziges Wasser, rümpft deine Großmutter die Nase. Warum nicht lieber Florence? Dein Vater: Ranziger Floh? Oder wie Florenz. Du hättest eine ganze Stadt im Schlepptau. Was für ein Einfall! Wir würden die Lorbeeren verlieren, du würdest dich nicht aufgefordert fühlen, sie auf deinem Kopf anzuhäufen, wie ein Mann. Das wäre doch schade. »So kriege ich meine Rugbymannschaft aber nicht zusammen«, sagt dein Großvater, befühlt aber trotzdem kurz deinen Bizeps.

Du bist ein Mädchen. Ein Drama ist das nun auch wieder nicht, siehst du. Du hast zwar Schlitzaugen, aber wir sind hier nicht in China. Wir sind hier nicht in Indien. In Indien ist der Satz »Es ist ein Mädchen« heute verboten. Vor der Geburt zu sagen, »Es ist ein Mädchen«, kann drei Monate Gefängnis und zehntausend Rupien Buße einbringen: Man darf keinen Ultraschall mehr verlangen oder vornehmen, um das Geschlecht des Kindes festzustellen und dann abzutreiben, denn es sind zu viele Mädchen verschwunden; man hat so viele im Keim erstickt, dass es inzwischen ganze Dörfer voller Junggesellen gibt. Sie haben so viele Mädchen liquidiert, dass für die Auserwählte keine große Wahl mehr bleibt. Vor Erfindung des Ultraschalls wurden sie bei der Geburt getötet. Wärst du in Indien oder in China geboren, wärst du vielleicht tot. In Rouen hast du deine Ruhe. Man hat dich ja trotzdem lieb.

Du wirst einwenden, dass es in einigen Regionen der Welt genau umgekehrt ist: In Mexiko, bei den Zapoteken in Juchitán de Zaragoza, wird ein großes Fest veranstaltet, wenn ein Mädchen auf die Welt kommt, denn dort ist die Frau das Familienoberhaupt und gibt ihren Namen an die Kinder weiter. Die Männer bringen ihren Lohn den Frauen, die das Geld verwalten. Aber na gut, das ist in Mexiko, wenn überhaupt, auf einem winzigen

Flecken dieser Erde. Bei dir währenddessen hat deine Mutter kein eigenes Bankkonto und darf ohne Einwilligung deines Vaters keinen Scheck ausstellen oder arbeiten gehen – sie arbeitet übrigens nicht. Sie kocht (und zwar sehr gut – sie hat eine Haushaltsschule besucht), sie spielt Tennis (gut) und Dame (nicht schlecht). Das mit dem Tennis ist nicht so einfach, dein Vater sieht es nicht gern, wegen der Turniere, für die sie im Minirock vom sonntäglichen Essen fernbleibt, das husch, husch zubereitet oder gleich ganz ihm überlassen wird. Bald wird sie ihr Faulenzen nutzen, um sich einen Liebhaber zu nehmen. Das ist die Art, die Mädchen hierzulande gefunden haben, sich den Jungen gleichzustellen. *Only you* – ihr Lieblingssong – erfährt Erweiterung, *and you, and you*. Wie er ihr, so sie ihm. Wessen Frau Freunde hat, der braucht keine Feinde mehr.

»Es ist ein Mädchen.«

Es beginnt mit einem Wort, wie das Licht und wie die Finsternis, wie die Finsternis, die das Licht auslöscht.

Auch wenn du das Wort mehrmals aus dem Mund von Catherine Bernard und danach mit der Stimme deiner Mutter hörst, die, das Gesicht weiß auf dem Kopfkissen, die Nachricht am Telefon verkündet, auch wenn du es schon am ersten Tag mehrmals vernimmst, so verstehst du es nicht unbedingt. Du verstehst es natürlich ganz und gar nicht. Das Wort »Mädchen« ergibt keinen Sinn für dich, nicht mehr als das Wort »Junge«, das hin und wieder im Gespräch deiner Mutter aufblitzt. Erst nach und nach wirst du im Zusammenhang mit anderen Wörtern die Bedeutung begreifen, die es von Anfang an hatte. Dir wird klar, dass es nicht nur, wie es das einleitende »Es ist« glauben machen könnte, eine neutrale Bemerkung, eine Feststellung ist, sondern auch und eher eine Beziehung zur Welt, ein darin angelegtes Schicksal. »Es ist ein Mädchen« bedeutet zuallererst »Es ist kein Junge«. Doch dafür musst du erst durch andere Wörter hindurch.

Du lernst deine Familie kennen. Mit dem Ohr, dann mit dem Auge, durch die Berührung. Vor allen Dingen ist da *Mama*. *Mama* ist das erste Wort, das du lernst, und es ist der Name eines Mädchens. Wärst du ein Junge, wäre es dasselbe, du würdest genau gleich *Mama* lallen – *Papa* kommt später, das ist erwiesen. Ob Junge oder Mädchen, alle lieben als Erstes Mama. Die Liebe ist von Natur aus ein Mädchen. Zweifler behaupten, es sei nur das erste Wort, weil es am leichtesten auszusprechen ist. Mmmmh machen die Lippen ganz natürlich, wenn sie die Brust suchen. Der bilabiale Konsonant entsteht automatisch beim Mampfen und Mümmeln. Mama, das heißt eigentlich nur mmmh, mmmh, lecker, sagen sie, es ist der von der Phonetik unterstützte Ruf nach der Mamille. Die Liebe ist von Natur aus eine Brust, nichts weiter. Ja, aber die Brust eines Mädchens. Prall, voller Milch, nahrhaft. Die Papas haben keine, du wirst es noch bemerken. Du hast es bereits bemerkt. Wenn Papa dich auf den Arm nimmt, ist nichts zu holen unter dem weißen Hemd, alles flach. Nichts und wieder nichts hinter der Krawatte. Bestimmt nimmt er dich darum fast nie auf den Arm. Nähme er dich öfter auf den Arm, wenn du ein Junge wärst? Wahrscheinlich nicht, denn ob Junge oder Mädchen, in diesem Stadium bist du nichts anderes als ein sabbernder Säugling. Und außerdem brauchen Jungen nicht so viele Streicheleinheiten. Das verweichlicht sie nur. Trotz allem, die Frage steht im Kinderzimmer. Die Mama hingegen ist die ganze Zeit da. Du schreist, sie kommt. Du hast Hunger, die Brust taucht auf. Du kackst in die Windeln, sie macht dich sauber. Stinkst du, tut sie ein Duftwässerchen drauf. Hast du Zahnweh, gibt sie dir die Giraffe zum Reinbeißen. Hast du im Dunkeln Angst, macht sie dein Nachtlicht an. Und das alles recht zügig. Papa hingegen tut gar nichts, du wirst es noch bemerken. Du bemerkst auch, dass Mamas Stimme sanfter und zärtlicher ist, sie sagt Küsschen, Hallihallo, Hamham, Schatzi, sie singt Wörter, die dich in den Schlaf wiegen. Der Klang der tieferen Stimmen, die du bald mit all diesen flachen, behaarten Gestalten in Verbindung bringen wirst, mit einer Kugel am Hals und einem Paar Hosen, ist fragender, alles klar mit der Kleinen, wo ist mein Hemd, ist das Essen fertig? Im großen Ganzen stellt die Papa-Stimme Fragen und die Mama-Stimme antwortet. Der Mama-Körper ist im Allgemeinen jetzt und hier, du spazierst mit ihm herum, erkundest auf dem Arm die Küche, das Bad, das Schlafzimmer, während der Papa-Körper woanders ist, hinter der Tür, außer Sichtweite. Die Papa-Stimme richtet sich nicht an dich, sie spricht über dich, gelegentlich, wissenschaftlich beinahe: Windelausschlag, Milchpumpe, Impfengpass, während die Mama-Stimme für dich ein Wort mit einem Ding, einem Gefühl, einer Geste verbindet. Töpfchen, Badewanne, Küsschen, heiß,

Heia machen, hab dich lieb. Der Begriff Papa meint eine Abwesenheit, Papa ist nicht da, aber Mama schon. Und wenn sie dir mal nicht antwortet, übernimmt eine andere Stimme, ebenfalls mit Brüsten und Kleidern, eine Stimme, die auf den Namen Oma hört, oder Uromi oder Tante oder Ginette, eine sanfte, aufmerksame Stimme – eindeutig eine Mädchenstimme. Ein logischer Schluss verankert sich in deinem sich bildenden Hirn: Liebe, das heißt da zu sein. Die Mädchen sind da. Also sind die Mädchen die Liebe. Deine Schwester stellt allerdings die Ausnahme dieser Regel dar. Sie trägt Kleidchen, hat eine Krächzstimme, aber sie ist nicht oft da, und wenn sie da ist, fühlst du dich nicht in Sicherheit. Es ist also nicht sicher, dass deine Schwester ein Mädchen ist. Zu überprüfen.

Apropos Mädchen, etwas ist merkwürdig. Du bist ein Mädchen, das steht fest. Aber du bist auch eine Tochter, die Tochter deines Vaters und deiner Mutter. Und in deiner Sprache gibt es nur ein Wort für beides: *fille*. Der Sohn von Doktor Galiot hingegen, der hat im französischen Wörterbuch zwei Einträge, einen für Junge und einen für Sohn. Später wirst du sehen, dass es in anderen Sprachen ebenfalls zwei Wörter für dich gibt, eins für Mädchen und eins für Tochter. Aber wenn dein Vater *ma fille* sagt, sagt er gleichzeitig meine Tochter und mein Mädchen. Du wirst in deiner Sprache immer nur ein Wort haben, um deine Abstammung, deine Zugehörigkeit und deine Identität auszudrücken. Ein französisches Mädchen existiert also nie für sich allein, es kommt nie ohne seine Verwandtschaft daher. Du schleppst deinen

Anhang auch später mit, wenn du groß bist. Du bist eine Frau, aber nur, wenn du einen Mann hast, verheiratet bist, vorher bist du nur eine Miniaturform davon, eine *mademoiselle*, ein Fräulein. Das Wort, das dich bezeichnet, erinnert stets an deine Fesseln, du wirst ständig zu jemandem in Beziehung gesetzt, zu deinen Eltern, deinem Ehemann, während ein Junge seinen eigenen Mann steht. Die Sprache will es so, wie es dir später, in der kleinen Mädchenschule gleich neben der der Jungen, die Grammatik eintrichtern wird: »Das Männliche setzt sich gegen das Weibliche durch.« Du wirst das auswendig lernen müssen, aber eigentlich weißt du es schon ab dem ersten Tag. Für den Fall, dass du es dir nicht gemerkt hast, wird der Pfarrer es dir noch einmal mit einem Bild verdeutlichen. Gott hat Adam geschaffen, und da er sich so allein fühlte, hat er ihm aus einer seiner Rippen eine Gefährtin angefertigt. Eva ist aus einem Stück des männlichen Brustkorbs geboren! Also so was! Du bist acht Jahre alt, du hast das mit dem Storch geschluckt, konntest dir vorstellen, dass die Mädchen in einer Rose und die Jungen in einem Kohl geboren werden, aber Mädchen und Frau aus einem Männerknochen gebastelt, nein. Das geht zu weit! Du lachst mit deiner Schwester auf dem Weg zum Katechismus: »Dann hat Adam also eine Rippe weniger? Nicht gerade gut beisammen, der Ahnherr! Die Jungs haben einen Hau weg.« Und bei den Vorbereitungen zum Glaubensbekenntnis, da bist du fünfzehn, fragst du in die Runde: »He, Mädels, wusstet ihr, warum Gott Adam vor Eva erschaffen hat? Weil man vor einem Meisterwerk erst einen Entwurf macht.« Sämtliche Konfirmandinnen prusten los. Der Pfarrer hingegen findet, du bist noch nicht reif genug, um in diesem Jahr deine Kommunion zu empfangen. Du wirst sie nicht empfangen. Du wirst sie nie empfangen. Jesus ist nur ein Vatersöhnchen und dir geht das alles ziemlich auf den Sack. Doch greifen wir nicht vor.

Du bist seit ein paar Wochen auf der Welt, bist inzwischen zu Hause. Deine Schwester Claude schaut dir argwöhnisch beim Trinken zu. Über deine Wiege gebeugt, ein falsches Lächeln auf den Lippen, würde sie dir am liebsten eine Stricknadel in die Pupille stechen, aber Mama ist auf der Hut. Jeden Tag lutschst du ihre Brust leer, du kennst nichts Besseres, als in die Armbeuge geschmiegt diese weiße Flüssigkeit einzusaugen, die sich durch Bewegung deiner Lippen nach Lust und Laune, sozusagen *ad Lippidum* erneuert. Abgesehen von deiner Schwester, die dich im Auge behält, und dem ganzen Rosarot, das dein Blickfeld beherrscht, besteht kein Anlass zur Beschwerde. Dein Glück hält genau vier Monate an, bis dir deine Mutter, aus zunächst unbekanntem Grund, einen Gummistöpsel mit Loch am Ende in den Mund stopft. Die Milch, die da herauskommt, hat nicht denselben Geschmack, vor allem aber ist deine Mutter vollständig davon abgetrennt, du siehst sie am anderen Ende des Wohnzimmers telefonieren, besorgt, während deine Großmutter oder Ginette, die Putzfrau, dir die Flasche gibt, und manchmal siehst du sie auch nicht, ist sie gar nicht da. Hatte sie es satt, dass du ihr viermal am

Tag an den Brüsten ziehst und ihre Schönheit zu ruinieren drohst? Denn was soll aus ihr werden, wenn ihre Schönheit dahin ist? Was soll aus einem hässlichen Mädchen werden? Oder will sie frei über ihre Zeit verfügen können, nicht mehr an diesen unersättlichen Terminkalender gebunden sein, auch wenn sie nicht arbeitet? Denn mit zwei kleinen Kindern zu Hause zu bleiben, das ist keine Arbeit, das weiß man doch.

In Wahrheit gibt es einen anderen Grund. Deine Mutter ist schwanger. Was? Schon wieder?! Ja. Deine Mutter hat glatt geglaubt, was dein Vater ihr versichert hat (er ist schließlich der Studierte hier, er weiß, wie es funktioniert, der weibliche Körper hat keine Geheimnisse für ihn): Solange sie stillt, kann sie nicht schwanger werden. Das ist reine Mathematik. Die Laktation verhindert die Ovulation. Herzlichen Glückwunsch! Dein Vater, der Verhütungsspezialist! Es sei denn, es hat ihn insgeheim wieder der männliche Ehrgeiz gejuckt: einen Sohn zu haben. Deine Mutter hatte kaum Zeit, uff zu sagen. Und du »mehr, mehr«. Du wirst brutal entwöhnt. Abgestillt und abgestellt. Deine Mutter ist immer noch da, aber sie ruht sich aus. Weil sie ein Kind trägt, heißt es. Dabei ist es genau umgekehrt: Sie trägt dich nicht mehr. Du wirst auf dem Teppich abgelegt, im Bett, in deiner Wippe. Du verstehst die Welt nicht mehr. Du kommst dir vor wie eine vergessene Puppe, ein Restposten auf einem Regal, ein Ladenhüter, aussortiert in Erwartung einer neuen Lieferung. Was ist los mit dir? Was fehlt dir?

Eines Freitagnachmittags platzt die Fruchtblase deiner Mutter, sie ist mit André, einem Freund der Familie, im Kino. Er ist mit dem Auto da, das trifft sich gut, er bringt sie in die Klinik, ohne das Ende des Films abzuwarten. Dein Vater fährt mit seinen Konsultationen fort, kommt nicht, er versteckt seine Hoffnung lieber hinter dem Telefonhörer. Was ist es? Es ist ein Mädchen.

Und da waren es drei. Aller schlechten Dinge sind drei.

Sie nennen sie Gaëlle. Was sich auch Gaël schreibt, wenn es ein Junge ist, und selbst wenn es ein Mädchen ist (aber vergiss es, sie haben mit Freud nichts am Hut). Im Grunde ist es nur für das Standesamtsregister; es wird keine Gelegenheit geben, sie beim Namen zu rufen, denn am übernächsten Tag stirbt sie. »Armer kleiner Krümel«, murmelt dein Großvater. Du bekommst nichts davon mit, natürlich nicht, deine Großeltern passen auf dich auf und du verstehst das Wort »tot« noch nicht, du bist erst dreizehn Monate alt. Aber wenn dein Gedächtnis nicht die geringste Spur von deiner toten Schwester zurückbehält, so gilt das nicht für dein *Schwarzes Kabinett*. Denn bei deiner Großmutter gibt es ganz am Ende des Flurs einen kleinen, fensterlosen Raum, eine Art Abstellkammer, die Schwarzes Kabinett genannt wird und in dem sich ein Haufen Krempel angesammelt hat, an dem du immer ganz schnell vorbeirennst, ohne stehen zu bleiben, überzeugt, dass es darin Monster gibt. Und dieses Schwarze Kabinett hast du auch in deinem Kopf. Am 15. November 1960, als Gaëlle in der Klinik Sainte-Agathe erblasst und zu atmen aufhört, herrscht darin schon ein heilloses Durcheinander von schlecht verdauter Milch, Claudes Stricknadeln, deiner weinenden Mutter, dem zitternden Kinn deines Vaters. Und nun hält Gaëlle majestätisch darin Einzug. Die völlige Dunkelheit stört sie nicht, im Gegenteil. Sie wird zum Kind im Schrank, zum geheimen Opfer eines schrecklichen Blaubarts. »Hier werden Mädchen getötet«, steht daran geschrieben, und du rast so schnell wie möglich an dem Schild vorbei, ohne hinzusehen, du wirst es dir lange, nachdem du lesen gelernt hast, ansehen. Ist sie da drin, weil du sie getötet hast? Du hast dir ihren Tod so sehr herbeigesehnt, dass du erschrickst ob der Macht deines Wunsches. Noch eine Schwester? Kommt nicht infrage! Das wäre das Ende deiner Herrlichkeit. Du würdest völlig untergehen! Der Hass, der tief in deinem Schwarzen Kabinett lauert, entfaltet seine Wirkung. Sie hat dich von der Brust gerissen? Nieder mit der Nachgeborenen! Sie hat dich vom mütterlichen Arm vertrieben? Zu Tode mit ihr! Du schießt böse Gedanken ab, was das Zeug hält, und dein Schicksal hat dich erhört. Oder, weniger düstere Version, es ist deine Mutter, die nicht wollte: Ein drittes Kind, jetzt, wo sie auf André abgefahren ist? Schlechtes Timing. Oder dein Vater, der sie nur tot sehen wird, da er es nicht sehr eilig hatte, seine Jüngste kennenzulernen, *ter repetita non placent*, es wurde langsam etwas repetitiv. Kurz, Gaëlle, das dritte Mädchen, die letzte Schwester, ist in ein ungünstiges Biotop gefallen. Niemand wollte sie, also hat sie sich diskret verdrückt, wie man es den Mädchen nicht erst beibringen muss; sie brauchte nur ihrer Neigung zu folgen. Und du wirst sie bestimmt nicht aus dem Schwarzen Kabinett herausholen. Es reicht mit den Mädchen. Der kleine Krümel soll sich verkrümeln, tschüss und auf Nimmerwiedersehen. Später jedoch schneidest du, wenn du etwas abschneidest, und das viele Jahre lang – Brot, Kuchen, Käse, was auch immer –, jedes Mal ein Stückchen mehr ab, ein kleines Stückchen mehr als nötig, einen winzigen Krümel, und legst ihn beiseite, auch wenn du ihn irgendwann dann doch aufisst. Du weißt nicht warum, aber du kannst nicht anders. Es ist der *kleine Krümel*, den die kannibalische Eifersucht oder die von den Eltern übertragenen Gewissensbisse trotz allem zelebrieren: der Engelsanteil, der Teil für Gaëlle.

Jetzt aber weinst du, und es kommt keiner. Du machst dich, während du größer wirst, immer kleiner, du willst nicht stören, willst nicht feststellen müssen, dass man sich nicht mehr von dir stören lässt. Du hörst auf zu weinen, du spielst eine, die nichts braucht (solange man deine Mahlzeiten nicht vergisst). Deine Eltern machen ein Beerdigungsgesicht, und du fühlst dich lebendig begraben, aber du hast es nicht besser verdient: Wärst du ein Junge gewesen, hätte man sich leichter über deine kleine Schwester hinweggetröstet. Das Nesthäkchen stirbt nur einmal, du hingegen … Du stirbst im Blick deiner Mutter, die dich nicht mehr sieht. Du stirbst im Bedauern deines Vaters, der nicht mehr daran glaubt. Du stirbst in der Eifersucht deiner älteren Schwester, die dir noch immer an den Kragen will. Du stirbst selbst im Tod deiner kleinen Schwester, die du nicht ersetzen kannst. Kurz, du stehst nicht auf der Gästeliste. Du würdest sämtliche Tode der Kindheit sterben, würden dir nicht deine Großeltern stellvertretend Leben einhauchen, bis deine Eltern wiederauferstehen. Deine Großmutter war immer Einzelkind gewesen, Einzelmädchen, ihre Mutter ebenfalls, und ledige Mutter obendrein, die ihr Kind allein aufgezogen hat. In gewissem Sinn finden die beiden Ahninnen Mädchen also ganz in Ordnung. Auch wenn sie geballt daherkommen, ist doch jedes einzigartig. Einzigartig, das heißt … Gleichzeitig einzigartig und wie sie selbst, außergewöhnlich und identisch, demselben Schicksal geweiht und reich an neuen Möglichkeiten, wer weiß? Das Mädchen ist die Zukunft der Frau, heißt es bei ihnen. Ihre Zukunft, aber auch ihr Spiegelbild. Daran halten sie sich fest, Oma und Uromi. Sie können erst seit zehn Jahren wählen, kaum länger, und trauen sich nicht immer. Aber sie sind guter Hoffnung. Sie übertragen dir die Vollmacht. Du wirst einzigartig sein, mein Enkelmädchen. Aber fall auch nicht aus dem Rahmen, ja. Immer schön höflich sein. Und brav. Man kann nie wissen.

Glaubt man den ersten Fotos von dir, gelangen deine Eltern wieder heil an die Oberfläche des Styx, die Totenbarke bringt sie zur Anlegestelle zurück. Auf diesem da strahlt deine Mutter ins Objektiv – sodass man sich fragt, ob André das Bild geknipst hat. Du stehst neben ihr, sie kauert, du lächelst ebenfalls, auf eine noch ziemlich chinesische Weise, deine Mandelaugen in den Wangen vergraben, du trägst ein Spitzenkleidchen, weiße Söckchen und hast stämmige Waden. Und auf dem hier trägst du ein Bikiniunterteil aus Frottee, stehst rechts von deinem Vater, sein Slip ausgebeult wie ein Eierkarton, und von deiner Schwester zu seiner Linken, in einem identischen Badeanzug, ihr steht alle drei auf einem Felsen, hinter euch das stille Meer. Deine Schwester und du habt beide sehr kurze Haare, eckige Schultern und kein Oberteil, sodass ihr zusammen mit eurem Vater ausseht wie drei Kerle in unterschiedlichem Entwicklungsstadium. Du bist immer noch pummelig, aber schon etwas weniger: Denn dein Vater, stutzig geworden angesichts deines souffléartigen Anblicks, hat sich erkundigt, was du zum Nachmittagsimbiss bekommst, und deine Großmutter hat geantwortet: »Vier zerdrückte Bananen mit Sahne und Zucker, warum?« Wo steckt denn der Schwiegersohn seine Nase rein? Ernährung ist doch keine Männersache. Mädchen sind nun mal Leckermäulchen, das weiß doch jeder. Dein Vater unterdessen will nicht, dass du eine Dampfwalze wirst. Das ist schlecht für die Gesundheit und auch, um einen Ehemann zu finden. Du magst Barraqué heißen, aber das heißt nicht, dass du wie eine Baracke aussehen musst. Er setzt sich gegen die Matronen durch und die Bananen kommen vom Speiseplan (wofür du ihm zu ewigem Dank verpflichtet bist, wie er meint). Du gehst ein, verlierst deine Pölsterchen, nicht aber den Spitznamen, den er dir bei dieser Gelegenheit verpasst hat: »der Dickmops«. Dass der männlich ist, stört deinen Vater nicht, die Grammatik liegt ihm so fern wie die Spitzenklöppelei. Dann seinetwegen halt die Dickmöpsin, ganz einfach. Claude ihrerseits, dünn wie ein Vögelchen, wird dich bald Grok nennen. Grok, das steht für Großkackarsch. Du bist also die Abkürzung für einen dickmopsigen Fettarsch in Bonbonrosa. Die Farbe hat noch niemanden schlank gemacht. Aber du schaust noch nicht in den Spiegel, du bist erst drei Jahre alt.

Du bist drei Jahre alt und gehst bereits seit sechs Monaten in den Kindergarten: Du wolltest auch dorthin, wo die Schwester jeden Tag hingeht (ihre wichtige Miene, mit der sie nach Hause kommt, hat deine Eifersucht erregt), und da du nicht mehr in die Hose machst, hat man dich akzeptiert. Aber in Wahrheit verbringst du das erste Jahr die meiste Zeit mit Schlafen, du wachst in einem Schlafsaal auf, in dem alle anderen Bettchen leer sind, die aussehen wie jene in den Märchen, die man dir vorzulesen beginnt. Wenn du wie Schneewittchen inmitten dieser Bettchen aus dem Schlaf auftauchst, erinnerst du dich weder an deine Träume noch an den Augenblick, da du eingeschlafen bist. Genau so stellt sich auch deine erste Kindheit dar: als ein langer Schlaf, von dem dir nichts zurückgeblieben ist, es sei denn ein flüchtiges Bild, ein Wort. Es ist doch eigenartig, unheimlich beinahe, über eine solch lange Periode nichts zu wissen. Einzig ein paar Zeitzeugen füllen deine Gedächtnislücke mit einigen – ihrerseits verdrehten – Erinnerungen, die voneinander abweichen, und Fotos, deren Schwarz-Weiß dein Alter betont. Was sagen sie? Dass du ein vorbildliches Baby warst, ein kleines Mädchen wie aus dem Bilderbuch, gut geschlafen, gut gegessen hast (»Was das betrifft …«, sagt dein Vater), selten geweint, viel gelächelt. Modellhaft eben. »Allerdings kein Topmodel«, fügt dein Vater hinzu, »na, Dickmops?« – »Ein bisschen schüchtern«, fügt deine Mutter hinzu. Erst misstrauisch bei neuen Gesichtern, dann recht zutraulich, alles in allem, neugierig sogar. Aber was für ein Schmollkopf! In dem Alter, in dem deine Schwester getrotzt, zu allem Nein gesagt, mit dem Fuß gestampft hat, hast du gar nichts gesagt, du hast geschmollt. An Claude ist ein Junge verloren gegangen, sie war schnodderig, rebellisch. Du hast dich mit zweieinhalb, sobald du dich geärgert hast, in die Ecke gestellt und die beleidigte Leberwurst gespielt. Ein richtiges Mädchen halt! Wir haben dich so früh in den Kindergarten geschickt, weil du dich gelangweilt hast. Und du hast sehr gut gesprochen für dein Alter.

Und da du also sehr gut sprichst für dein Alter und dich all das sehr interessiert, die Wörter, die Leute, die Sachen, wie sie wirklich sind, und nicht, was erzählt wird, da drei Jahre das Alter der ersten Erinnerungen ist und du ein gutes Gedächtnis hast, da du dir jetzt selbst präsent bist, kannst du die Geschichte vielleicht in deinem eigenen Namen weitererzählen. Was sind deine Erinnerungen als Mädchen?

2

Meine erste Erinnerung beginnt mit einem Schrei, als würde ich durch einen Albtraum dem Vergessen des Schlafs entrissen. Wir sind zu viert, meine Eltern, meine Schwester Claude und ich, in einem Hotel in Le Lavandou, dort, wo das Foto im Badeanzug aufgenommen wurde. Es ist Nacht, ich liege in einem Gitterbett, das neben zwei anderen, einem großen und einem kleinen, an der Wand steht, und der Schrei meiner Mutter hat mich aufgeweckt. »Hilfe! Es ist jemand im Zimmer! Da ist ein Mann!« Es beginnt mit einem Wort, wie die Nacht. Mit diesem Einbruch setzt mein Gedächtnis ein. Mein Vater steht auf, die Tür ist offen, am Ende des Flurs ist etwas los, er geht hinaus, aber kehrt unverrichteter Dinge zurück, der Mann hat sich in Luft aufgelöst. Meine Mutter, die sich im Bett aufgesetzt hat, atmet tief durch, presst die Faust auf die nackte Brust. Es ist heiß, an den Fenstern sind reglose Gespenster. Ich zittere, ich verstehe nicht, was vor sich geht. Wollte jemand meine Mutter töten? Oder mich? Hätte mir jemand wehtun können? Ein Mann? »Es ist nichts«, sagt mein Vater, »es war nur eine Hotelratte, er hatte keine Zeit, uns zu beklauen.« Eine Ratte? Und damit wollte Papa mich beruhigen! Eine Ratte, die überall herumkriecht, wie die Insekten, die in Löchern und im Müll wühlt? Eine Ratte mit einem langen Schwanz, schnell und nicht zu fassen, die in alle Ecken dringt, schmutzig und ekelhaft? Alle schlafen wieder ein, nur ich nicht. Ich möchte zu Mama ins Bett schlüpfen, ich habe Angst, dass es wieder losgeht, aber ich trau mich nicht zu fragen – Papa wäre sowieso nicht einverstanden.

Meine zweite Erinnerung stammt vom nächsten Tag oder von dem davor. Mein Vater hat ein Schlauchboot mit Rudern gekauft. Er will mir die Ali-Baba-Höhle zeigen, die ziemlich weit vom Strand entfernt ist, man muss mindestens zehn Minuten paddeln. In den braunen, moosbewachsenen Felsen gibt es eine Spalte, und unter dem Gewölbe haben die Räuber ihren Schatz versteckt, das ist der Eingang, man muss nur »Sesam, öffne dich« sagen. Ich will den Schatz holen, aber Papa lässt mich nicht: Und wenn die Räuber noch da sind? Das ist gefährlich, und außerdem wäre das gestohlen, ja, Räuber bestehlen ist auch gestohlen. Also Eintritt verboten. Wir fahren mehrmals im Paddelboot hin, aber den Schatz bekommen wir nie zu Gesicht. Das Boot schaukelt vor dem zerklüfteten Felsen auf und ab, ich schaue mir die Augen aus, halte vergeblich nach Goldstückchen Ausschau, es ist stockdunkel, man sieht rein gar nichts.

Papa bringt uns, meine Schwester und mich, nacheinander hin, nie beide zusammen. Denn sollte das Boot plötzlich kippen oder die Luft rausgehen, könnten wir sogar mit den Schwimmflügeln ertrinken, und er wäre nicht imstande, uns beide zu retten, er müsste eine von uns auswählen. Er ist ein Vater, der an alles denkt, vor allem an den Tod. Vielleicht denkt er an Gaëlle: Mädchen, die sterben. Vielleicht würde er uns zusammen aufs Boot nehmen, wenn eine von uns beiden ein Junge wäre. Ein Junge ist stark, der kommt immer klar. Und vor allem, sage ich mir, wenn eine von uns beiden ein Junge wäre, dann müsste er bei einem Unfall nicht lange überlegen, er wüsste, wen er retten würde.

Das Hotel heißt Le Bathyscaphe. Die Eigentümer haben in der Lobby das Modell eines Unterwasserboots ausgestellt, mit einem unübersichtlichen Montageplan, den mein Vater lange ansieht, ohne dass ich weiß, warum. Ein Bathyscaph, erklärt er, indem er mit dem Finger auf das Gefährt zeigt, erlaubt es, sehr weit und sehr tief ins Meer hinabzutauchen. Dort unten gibt es wundervolle Dinge zu entdecken, die man nirgendwo sonst bewundern kann. Er träumt davon, da hinabzusteigen, das spürt man. Die Bullaugen sehen aus wie riesige Augen von toten Fischen. Das Wort selbst ist kompliziert. Es bedeutet »tiefes Schiff«, ich habe Mühe, es auszusprechen, Ba-thy-scaph, aber ich habe es nie vergessen. Bathyscaphen sind Anfang der Sechzigerjahre groß in Mode, man verfolgt die Tiefenrekorde dieser U-Boote mit, die Meereserkundung durch die *Trieste* und die *Archimède* begeistern meinen Vater, der als Kind den ganzen Jules Verne gelesen hat. Die ersten Geschichten meines Lebens hat er mir erzählt. Jules Vernes *Nautilus* und *Ali Baba und die vierzig Räuber* in dem Sommer, als ich drei Jahre alt war. Ich habe so getan, als wäre ich verzückt von diesen Erzählungen über Kraken und Periskope, meine Schwester auch, aber bei ihr war es vielleicht nicht geheuchelt. Abgesehen von seiner Stimme, die erzählt, welches Interesse? An diesen Geschichten fehlt etwas, damit sie mir gefallen. Ich weiß nicht recht, was. Mädchen vielleicht. Es kommen keine Mädchen vor in seinen Geschichten. In seiner Erzählfreude existieren wir nicht. Wir sind nicht da. Das ist normal: Was hat ein Mädchen zwanzig Meilen unter dem Meer verloren, umgeben von Gefahren und Maschinen? Aber wieso die Jungen bloß diese Geschichten ohne Mädchen so sehr mögen?

Ich habe meine Mutter und meine Schwester gefragt, was ihnen von diesem Sommer vor langer Zeit in Le Lavandou in Erinnerung geblieben ist. Ich dachte, auch wenn es, im Gegensatz zu mir, nicht ihre erste Erinnerung auf Erden ist, so müssten sie unsere einzigen gemeinsamen Ferien noch sehr genau im Gedächtnis haben. Denn tatsächlich sind wir nie wieder alle vier zusammen irgendwohin gefahren. Aber meine Mutter erinnert sich einzig und allein an eine Fahrt mit dem Tretboot und dass ich, der Dickmops, Bauchnabel voran, am Eis der Leute am Strand leckte, wenn ich meins aufgegessen hatte. Ich sei so süß gewesen, dass mir niemand widerstehen konnte, sagt sie. Meine Schwester kann sich auch nicht an die Hotelratte erinnern, und als ich ihr davon erzähle, macht sie sich lustig über mich: Wahrscheinlich haben die Eltern nur miteinander geschlafen, das ist alles, und ich habe mir wegen ein paar Schreien weiß Gott was zusammengereimt, ich habe meine Urszene in einen Einbruch, ein Eindringen umgebogen.

Das ist durchaus möglich. Vielleicht musste ich Zeugin einer Szene werden, von der ich abwesend war, um die Erinnerungslücke zu füllen, in der ich geboren bin. Die Angst vor einem Einbruch jedoch ist mir nach all dieser Zeit noch immer in die Haut tätowiert. Sie gellt mir in den Ohren, und ich sehe den Eingang der unzugänglichen Meereshöhle mit dem geheimen Schatz noch wie damals vor mir. Vor fünf Jahren kehrte ich einmal mit Pierre, einem Verrückten, nach dem ich verrückt war, nach Le Lavandou zurück. Wir suchten vergeblich den Strand ab: Es gibt kein Hotel namens Le Bathyscaphe mehr. Ich sah auch keinen Felsen, in dem sich die Ali-Baba-Höhle befinden könnte. Es gibt keine Felsen in dieser Gegend. Hatte ich alles erfunden? Ein über die Oberfläche der Dinge gleitendes Kanu oder ein die Tiefwasser erforschendes U-Boot, mein Gedächtnis oder meine Einbildungskraft führt mich an der Nase herum. »Du hast im Alter von drei Jahren angefangen, dir Geschichten zu erzählen«, folgert Pierre, der mit einer Messermuschel im Sand schart. »Du warst frühreif, als Mädchen.«

Ich bin frühreif, als Mädchen, oder besser, frühreif wie ein Mädchen: Ich drücke mich besser aus, als ich mich bewege, ich höre besser zu, als ich renne, ich spiele lieber mit Worten als Fangen. Die Sprache scheint unser Privileg zu sein, wo wir doch so früh lernen, unseren Körper einzuschränken. Die Worte sind unsere Nautilus. Auch die Sprache hat ihre Abgründe.

Im Kindergarten suche ich, wenn ich nicht schlafe,

mit den Augen meine Schwester, doch ich bin Luft für sie, sie tuschelt mit anderen Großen, die lachend zu mir herübersehen, und bald wechselt sie in die Schule auf der anderen Straßenseite, ich sehe sie erst am Abend, verdrossen, dass ich immer noch am Leben bin – und so geschwätzig, dass ich ihr meinen ganzen Tag erzähle –, überdies verärgert, weil ich angezogen bin wie sie, wie ihr falscher fetter Zwilling, dabei träumt sie davon, die Einzige zu sein, und ich erst! Einzelkind, wie meine Freundin Jeannine, das muss toll sein! Tatsächlich tragen wir oft dieselben Kleider, als würde in Rouen alles im Zweierpack verkauft. In Wirklichkeit sind sie aus einem einzigen Stück Baumwolle gefertigt, aus dem Uromi, eine ehemalige Schneiderin, immer gleich zwei Röcke oder zwei Sonntagskleidchen näht, mit Blümchen, Fältchen und rosa Schleifen. Zwei Mädchen, das spart Geld. Sonst wäre ein zweites Schnittmuster nötig, Jungen sind aus anderem Stoff. Auf dem Heimweg läuft Claude schulterrollend vor mir her, sie pfeift durch die Finger, als gäbe es mich nicht, und wenn ich protestiere, weil ich nicht mithalten kann, nennt sie mich Weichei. Ich weiß genau, was sie möchte. Claudes Bestimmung ist es, Einzelkind zu sein, ein Einzeljunge.

Was die Jungen betrifft, so kommen sie außer in Papas Geschichten und als Schablone in den Gesprächen von Mama in der ersten Zeit nicht wirklich vor. Die Cousins sind noch nicht geboren, die Nachbarn schon im Ruhestand, die Eltern sehen nicht viele Freunde, erst recht nicht solche, die Jungen haben. Im Kindergarten sind die Klassen nicht gemischt, obwohl es nur ein einziges

Schulgebäude gibt. Der Pausenhof wird gemeinsam genutzt, aber nicht zur selben Zeit. Wir kommen nur bei wenigen Aktivitäten zusammen, wie zum Beispiel morgens zum Ausschenken der faden Milch oder für die Puppenspiele, bei denen einige Jungen so laut schreien, um den Kasperle vor dem Gendarmen zu warnen, der ihm auflauert, dass einige Mädchen zu weinen anfangen. Dafür gibt es eigentlich keinen Grund, denn wenn man ein kleines bisschen zur Seite rutscht, kann man hinter der Bühne die beiden Lehrerinnen sehen, wie sie mit den Figuren hantieren und tiefe Stimmen machen. Beobachtung eins: Mädchen können sehr gut auf Jungen machen, wenn sie wollen. Es gibt auch Veranstaltungen mit Volkstänzen aus verschiedenen Ländern und Regionen, die laut den Richtlinien des Hochkommissars für Jugend und Sport die gemischte Freundschaft und die motorischen Fertigkeiten fördern sollen. Diese Momente sind günstig, um dem Rätsel auf den Grund zu kommen: Was ist ein Junge? Und der bohrenden Frage, die sie nach sich zieht: Ist ein Junge besser? Die Frage taucht gelegentlich auf, ohne mich groß zu beschäftigen (die Antwort heißt Nein). Einen ersten Hinweis ermöglicht die Einrichtung des Kindergartens selbst: Die Klassenräume und Spielzimmer, nicht gemischt, sind durch die Mädchen- und Jungentoiletten voneinander getrennt. An der Jungentür hat das Männchen zwei Beine. An der der Mädchen trägt es einen Rock. Natürlich dürfen wir nicht bei den Jungen (warum eigentlich nicht?), aber man braucht nur daran vorbeizugehen, und der Unterschied springt durch den Türspalt ins Auge: Es ist blau gestrichen. Außerdem sind an einer Wand tief unten winzige Waschbecken aneinandergereiht, und die Jungen pinkeln da hinein, das heißt, sie probieren es – manchmal hilft ihnen die Lehrerin oder schimpft mit ihnen. Beobachtung zwei: Ein Junge ist anders, der pinkelt im Stehen. Na ja, das wusste ich schon, ich habe Papa mehrmals aus dem Peugeot 403 steigen und allein zu einem Baumstamm gehen sehen, als wollte er ihm ein Geheimnis anvertrauen, irgendwo mitten auf der Strecke, während bei uns Mädchen, da ist es immer ein Theater; wenn ich in die Hocke gehe, wollen Ameisen und Wanzen auf mich klettern, ich möchte es gerne zurückhalten, aber ich kann nicht immer und das Auto muss anhalten (Mädchen sind Pissnelken, sagt mein Vater). Andererseits kann man aber auch nicht verallgemeinern. Thérèse zum Beispiel. Sie ist die Bäuerin neben uns in La Chaux, in der Auvergne, wo mein Großvater geboren wurde. Meine Schwester und ich verbringen dort immer die Sommerferien, zusammen mit den Großeltern. Wir gehen trotz Omas Protesten jeden Tag Thérèse mit dem Geschirr helfen, sie hat drei Jungen und einen gar nicht kommoden Ehemann, der nie vom Tisch aufsteht, das ist mir aufgefallen. Sie arbeiten im Stall oder auf dem Feld, während sie mit ihren Kühen nach Huits-Fons hinaufgeht. Da gibt es Bianca, Viola, Luna, Iris, Stella, sie haben alle Mädchennamen – logo, es sind Mamas, sie geben Milch. Thérèse bringt uns bei, wie man sie auseinanderhalten kann, wie man Wörter im Dialekt ruft, um sie herzulocken, es ist herrlich, wenn sie gehorchen, wenn sich ihr massiger Körper beim bloßen Klang unserer Stimmen in Bewegung setzt, man kommt sich richtig mächtig vor. Claude und ich begleiten sie auf den Berg hinauf, das grüne Gras finden, auch wenn ich Mühe habe, denn es ist ganz steil. »Komm schon, Grok, halt dich ran«, sagt meine Schwester. Und manchmal, da bleibt Thérèse auf dem steinigen Weg etwas zurück, hebt ihre vielen Unterröcke hoch und pinkelt im Stehen, die Beine kaum gespreizt. Balto hebt die Pfote, sie nicht. Das schießt kräftig heraus, wie bei den Kühen, und es macht dasselbe Geräusch, wenn es auf Kiesel trifft, Thérèse hört nicht auf zu reden und geht danach einfach weiter. Was uns verblüfft, meine Schwester und mich, verstehst du, das ist, ich meine, dass sie keinen Schlüpfer anhat. Und sie versteckt sich auch nicht, schämt sich kein bisschen, nicht mehr als die Kühe, die ihren Fladen loslassen, ohne den Schritt zu verlangsamen. »Das sind eben Mädchen vom Land, die machen es wie die Tiere«, sagt meine Großmutter. Oder, siehe Beobachtung eins, die machen es wie die Jungen, wenn sie wollen. Das heißt, wenn sie können. Als Thérèse sagte, ich solle es auch mal versuchen, habe ich mir die Socken vollgemacht. Nicht einfach, für ein Mädchen aus der Stadt. Und die Jungen, ob Stadt oder Land, bei denen wird die Prozedur durch ein Stückchen Schlauch erleichtert, das auf einem weichen Kissen liegt und mit dem sie ohne Vorwarnung überall herumspritzen. Die Geburt meines Cousins Bruno, als ich vier bin, bestätigt diese Vermutung. Er hat einen Schlauch, den ich nicht habe, und Claude und meine Puppen und Sophie, die Giraffe, auch nicht, und Mama unter dem Busch auch nicht, wenn sie mit uns badet, nicht einmal Teddy, mein Kuschelbär. Einen popeligen Zipfel, den meine Tante genauso behutsam sauber macht wie die Anhänger des Kristalllüsters im Wohnzimmer und bewundernd »mein kleines Vögelchen« nennt – *mein*, dabei hat sie ja selbst gerade keins, ihres muss davongeflogen sein. Beobachtung drei, Offenbarung eins: Das ist es, das Ding. *Ihr* Ding. Auch wenn es nach nichts aussieht, es ist etwas. Nichts, das sind die Mädchen. Die Mädchen, die haben nichts.

Andererseits, was haben sie denn davon, was bringt es ihnen, außer dass sie auf dem Klo stehen bleiben, statt sich hinzusetzen? Ist das besser? Eigentlich eher weniger praktisch, außer im Freien. Weniger bequem. Ich probiere es trotzdem aus, halte den Wasserschlauch zwischen die Beine und richte ihn auf die Kartoffeln und die Tomaten, dann spritze ich meine Schwester voll, die vergeblich versucht, ihn mir wegzunehmen, kurz, ich mache damit, was ich will, ich muss zugeben, das macht Spaß. Aber sonst fühle ich mich gut unter den Mädchen in der Schule, wir sind gleich. Wir spielen und singen zusammen, sie gehen ganz leise aus dem Schlafraum, um mich nicht aufzuwecken, sie sind nett, die Mädchen in meiner Klasse. Es gibt eine oder zwei, die einen absichtlich an den Haaren ziehen, aber dann entschuldigt sich ihre Mama und sie hören damit auf. Das Leben ist sanft als Mädchen, wie auf Samtpantoffeln, Mädchen brüllen nicht rum – zumindest nicht im Kindergarten (zu Hause ist das ein anderes Paar Schuhe). Über Jungen denke ich nur nach, wenn ich sie sehe, aber dann richtig fest, ich strenge mich an. Im Alter von drei bis sechs Jahren baue ich mein Wissen im Jeanne-d'Arc-Kindergarten weiter aus. Vor allem die Volkstanztage sind ein guter Anlass dafür. Wir bilden Paare, ein Junge, ein Mädchen, wie die Eltern, wie die Großen. Das ist die Gelegenheit, einen Jungen anzufassen, mit ihm zu reden, dahinterzukommen, was das ist. Schon bald habe ich einen festen Tanzpartner, ich tanze nur noch mit ihm, zu den langsamen und zu den schnellen Liedern. Er heißt Jacques, er ist fünf und ihm fehlt eine Hand. *Armes Häschen bist du krank …* Genauer gesagt hat er eine Hand aus hellgelbem Plastik, damit gleicht er ein bisschen meiner Puppe Bella, was ihn mir vertraut macht. Und er ist auch weniger durchgeknallt als die anderen Jungen und gibt sich Mühe mit den Tanzschritten. Ich mag es, dass er schwach ist, das macht mich stark. Ihm fehlt eine Hand, dafür habe ich zwei, ich kann ihm helfen. Der Junge hat Kummer, und ich will ihn trösten. *Häschen bist du schon kuriert, hui, das rennt und galoppiert.* Wir sehen wirklich klasse aus, obwohl wir in Pantoffeln tanzen und seine Hand mich nicht führen kann. Ich führe ihn. Ich führe den Tanz an, ich bin der Tänzer. Siehe Beobachtung eins: Mädchen können sehr gut wie die Jungen sein, wenn sie wollen. Jacques ist glücklich, dass ich mich nicht ekele, wenn ich seine Hand nehme. Er lächelt, und wenn der Kindergarten aus ist, rennt er zu seiner Mutter und stellt mich vor. Beobachtung vier: Mädchen tun Jungen gut, wenn sie wollen. »Ist er dein Schatz?«, fragt meine Mutter. »Er hat schöne Augen.« Er hat blaue Augen, vom selben Blau wie André. Deshalb.

Die andere Gelegenheit, die Jungen zu beobachten, bietet sich auf dem Spielplatz vor der Schule, wo ich nach dem Kindergarten mit meiner besten Freundin Jeannine spielen gehe. Außer einer Rutsche und einer Zweisitzerschaukel gibt es nicht viel, um sich zu amüsieren. Und auf dieser Schaukel sitzen oft die gleichen zwei Jungen, sie spielen Flugzeug, aber heben nie ab, sie nerven uns. Da habe ich die Idee, Kieselsteine – schön runde, regelmäßige – in Bonbonpapier zu wickeln und ihnen zum Tausch gegen die Schaukel anzubieten. Erst zögern sie ein wenig, wittern eine Falle, aber schließlich sind sie einverstanden und überlassen uns die Schaukel. Sie freuen sich gar nicht, als sie die Kiesel entdecken, aber Jeannine und ich schon, weil wir sie verschaukelt haben. Aber das Lustigste kommt noch. Ein paar Tage später sitzen sie schon wieder auf der Schaukel, wir bieten ihnen Bonbons an. Ha, ha, diesmal fallen sie nicht mehr auf uns rein, sie kennen uns! Aber wir schwören hoch und heilig, entschuldigen uns für das letzte Mal, wir machen es nicht noch mal, versprochen, diesmal sind die Bonbons echt, zum Beweis essen wir eins vor ihnen, na kommt schon, wir machen Frieden. Sie sehen einander an, verständigen sich wortlos und steigen von den Sitzen, auf denen wir sofort Platz nehmen. »Wir wussten es«, sagen sie, als sie die Kiesel sehen, aber wir hören sie kaum vor lauter Lachen. Beobachtung fünf: Ihr Dings macht sie nicht schlauer als die Mädchen, sogar im Gegenteil. Es handelt sich allerdings nur um eine vorläufige Folgerung. Tief in mir drin kann ich nicht glauben, dass Jungen so dumm sind. Ist es nicht vielleicht eher so, dass sie nett sein wollen, aber ohne, dass man es sieht? Sie lassen sich von uns einwickeln, geben sich als Trottel aus, fallen lieber auf unsere List herein als zuzugeben, dass sie uns gefallen wollen. Also sage ich mir, Beobachtung sechs: Ein Junge will insgeheim den Mädchen gefallen. Es ist also komplizierter, als es scheint. Bleibt abzuklären.

Eine weitere Möglichkeit zu lernen besteht darin, die Eltern zu studieren, das heißt, einen Jungen und ein Mädchen, die zusammenleben, seit sie groß sind. Auf den ersten Blick sieht es nicht berauschend aus. Über Papa weiß ich nicht viel, außer dass er nicht oft lächelt, nur wenn er Witze macht – und nie, wenn er Mama ansieht. Sie essen zusammen, sie schlafen zusammen, sie sprechen nicht miteinander, außer über Geld und über uns – oder von einem roten Baron, der zu Besuch kommen soll, aber nie auftaucht. Sie haben nicht viele Freunde, oder aber jeder für sich. Er sieht nicht aus, als wollte er ihr noch gefallen. Sie küssen sich nie wie in *Schneewittchen*, tanzen nie zusammen. Aber was mich am meisten interessiert, ob Papa zwischen den Beinen wirklich dasselbe popelige Ding hat wie der kleine Cousin – das wäre so lächerlich, dass ich es sehen muss, um es zu glauben. Da er sonntags immer mit einem Handtuch um die Hüften aus der Dusche kommt und durchs Esszimmer geht, verstecken meine Schwester und ich uns unter dem Tisch und verrenken uns, um zu sehen, was drunter ist, aber vergeblich. Und Mama, sie mag hübsche Kleider und Schminke. Sie geht jeden Samstagmorgen zum Friseur und am Nachmittag mit Oma zum Einkaufsbummel, sie kommen mit Paketen beladen zurück und probieren vor dem Spiegel die neuen Kleider an. Oft bürstet Mama den Helm aus Lack wieder weg und frisiert sich anders, weil die Friseurin nichts kapiert hat. Dann tut sie Nagellack auf die Finger und trinkt mit Oma Tee, dabei reden sie über Kleider oder André. Mama mag es, modisch zu sein, sie ist schlank und elegant, was sie nicht daran hindert, die Nasenpopel unter den Stuhl zu kleben. Es ist Oma, die die Sachen bezahlt, weil Papa wäre nicht einverstanden, wenn ich richtig verstanden habe, mag er keine unnötigen Ausgaben, Kleider, Dauerwellen, Wimperntusche und solche Sachen. Sein Vater hat Uhren repariert, er ist zwar Arzt, aber er hat die schäbigste Praxis von ganz Rouen, einen lächerlichen Umsatz, kurz, sie sind keine Krösusse. Auch für Claude und mich mag er es nicht: Diese rosa Kleidchen müssen ein Vermögen gekostet haben! Sie sehen ja darin aus wie stinkreiche Gören.

Ich finde, ich sehe hübsch darin aus, obwohl meine Schwester dasselbe hat. Ich drehe und wende mich vor dem Spiegel wie Mama. Aber vielleicht irre ich mich, wenn Papa das nicht mag?

Eines Abends kommen Männer zu uns nach Hause, sie haben uns Fragen zu stellen. Sie sitzen mit Papa am Esszimmertisch. Einer von ihnen macht Häkchen auf einem Formular, das er aus seiner Aktentasche gezogen hat. Nach meinen Berechnungen handelt es sich um die Volkszählung von 1964, da bin ich fünf. Schüchtern und neugierig zugleich verstecke ich mich hinter der Couch. »Haben Sie Kinder?«, fragt der Mann.

»Nein«, sagt mein Vater, »ich habe zwei Mädchen.«

3

Mit fünf kann ich lesen, ich habe es gleichzeitig mit meiner Schwester gelernt. Bilder machen mir mehr Angst als Wörter, das Buch von Schneewittchen mit der Hexe auf dem Umschlag, die mich fürchterlich erschreckt, schmeiße ich vom Schrank hinunter, während ich die Andersen-Märchen wieder und wieder lese, obwohl sie oft traurig sind. Aber ich weine gern, und niemand wirft es mir vor – Mädchen dürfen das. Ich bin nacheinander das kleine Mädchen mit den Schwefelhölzern, das von niemandem beachtet in der allgemeinen Gleichgültigkeit erfriert, die Prinzessin auf der Erbse, die so feinfühlig ist, die kleine Meerjungfrau, die ihre Stimme opfern muss, um einen Platz an der Seite des Prinzen zu erlangen, und danach sich selbst, um ihm das Leben zu retten. Meine Mutter liest mir *Dornröschen* vor, wenn sie Zeit hat. Meine Lieblingsstelle ist, wenn die Prinzessin vom Kuss des Prinzen aufgeweckt wird und zu ihm sagt: »Du hast dir aber Zeit gelassen!« Ich finde es lustig, dass sie mit ihm schimpft, völlig ungeniert, ein bisschen gebieterisch, wie es sich für eine Prinzessin gehört. Sie hat recht. Schließlich hat er hundert Jahre gebraucht, um sie zu finden, mag er auch ein Prinz sein, selbst mit einem Pferd: Das ist lang. Doch die Mädchen warten, so lange, wie es nötig ist, sie sind geduldig mit der Liebe. *Kommt erst mein Prinz zu mir und führt mich fort von hier.* Es ist das erste Mal, dass ich ins Kino gehe. Das Lied aus *Schneewittchen* ist ein Versprechen, und ein Versprechen muss gehalten werden. Irgendwann passiert der Kuss immer, man muss nur geduldig sein. Na gut, es gibt auch Mädchen, die sich auf die Suche nach ihm begeben, die nicht warten, bis jemand mit dem Glaspantoffel vorbeikommt. Die kleine Gerda geht sogar barfuß in die große weite Welt hinaus, um ihren Freund Kay zurückzuholen, der von der Schneekönigin gefangen gehalten wird, das ist so anstrengend und sie muss so vielen Hindernissen trotzen, dass am Ende, als sie sich wiederfinden, eine ganze Ewigkeit vergangen ist. »Und die Uhr ging: Tick! Tack! Und die Zeiger drehten sich. Aber als sie durch die Tür traten, bemerkten sie, dass sie erwachsen geworden waren.« Ich kenne das Ende auswendig, und wenn Mama vorliest, sage ich die letzten paar Sätze selbst. Ich mag die Dauer der Zeit, von der sie sprechen, die Zukunft, die sie verkünden, aber wie lang das Leben doch scheint, und wie fern die Liebe! Sollte man sich bereits auf den Weg machen? Ist es an den Mädchen, voranzugehen? Nein, besser warten, wie Mama, die hinter dem Vorhang nach André Ausschau hält: Er wird kommen, irgendwann ist er da, und hundert Jahre sind ein Augenblick.

Claude hat nicht viel für Märchen übrig. Sie nennt mich ein Baby. Bei den Großeltern, deren Wohnung an unsere grenzt, schließt sie sich mit Corinne im Arbeitszimmer ein. Corinne ist die Cousine, der Papa den Spitznamen Rattenschwanz gegeben hat, weil sie immer Zöpfe trägt und kein Dickmops ist. Sie versuchen mich abzuwimmeln, aber ich gehe trotzdem mit. Sie nehmen dicke Bände von der Quillet-Enzyklopädie aus dem Regal und suchen nach schmutzigen Wörtern: Piephahn, Dödel, Schniedel, Zitzel. Keins davon steht im Lexikon, geschieht ihnen recht! Nur Hahn ohne Piep ist drin: »Männliches Haushuhn.« Da hätten sie selbst drauf kommen können. Was Schnabelwutz betrifft, so kennt das Wort außer meiner Schwester und mir niemand. Wenn ich es vor Jeannine benutze, zuckt sie mit den Schultern: »Meinst du den Schniedelwutz?« »Schwengelmatz«, korrigiert Corinne. »Die Fritte«, sagt Ginette. »Der Williwutz.« Anscheinend hat keiner dasselbe Wort für dieses Ding, wenn keins vorhanden ist, genauso wenig. Später, als ich auf einem Formular, das mein Vater auf dem Wohnzimmertisch liegen gelassen hat, das Wort »Sexus« gelesen habe – er hat »männlich« angekreuzt, das über dem Wort »weiblich« stand –, schlage ich selbst im Wörterbuch nach. Das Wort »Sexus« bedeute »das natürliche Geschlecht«, wird mir dort erklärt, und komme vom lateinischen Wort *secare*, was »schneiden, abschneiden, trennen, unterscheiden, amputieren« bedeutet. Ah, jetzt dämmert es mir: Man schneidet den Jungen den Pimmel ab, um Mädchen zu bekommen. Aber wo, und wann? Das muss höllisch schmerzen, schlimmer bluten als ein Knie, wenn man mit dem Fahrrad stürzt, auch wenn nur eine kleine Narbe zurückbleibt, ein dünner Schlitz zwischen den Oberschenkeln. Pimmel ade, Scheide tut weh. Aber ich kann nachdenken, so fest ich will, ich kann mich nicht erinnern, wann das bei mir war. Und was ist mit denen, die es behalten haben, warum? Wer entscheidet? Mein Vater nicht, das steht fest. Ein Mädchen ist also ein verstümmelter Junge. Ein bisschen wie Jacques mit abgeschraubter Hand. Wofür wurde er bestraft, der Junge, der ein Mädchen wurde? Ich habe die Antwort nicht, mir fehlt ein Glied in der Beweiskette. Ich kann mich nicht erinnern, jemals ein Junge gewesen zu sein, aber irgendwo tief in mir drin bin ich nicht überrascht. Ich fühle mich manchmal wie ein Junge. Nicht genau gleich, aber auch nicht anders, abgesehen von dem ganzen Rosa und den Kleidern. Sie spielen sich auf, sind ständig in Bewegung, lachen laut heraus. Aber alles, was ein Junge kann, außer im Stehen pinkeln (und wer weiß), das kann ich auch. Ich habe nur keine Lust dazu.

Ich lese, wann immer ich allein bin, und das bin ich oft. Geschichten erfüllen mich, ich erzähle sie meiner Puppe. Meine liebste ist *Sara, die kleine Prinzessin*. Sie erzählt von einem sehr hübschen, sehr intelligenten Mädchen, das in einem Internat für Reiche lebt und sich nach dem Tod ihres Vaters arm und als Waisenkind wiederfindet. Sie wird von der Schule gejagt, wo sie die beste Schülerin war, haust in einer Dachkammer und muss betteln, um zu essen, bis sich ihre Mansarde eines Tages mit feinen Möbeln und köstlichen Speisen zu füllen beginnt und im Kamin ein gemütliches Feuer brennt, ohne dass sie weiß, warum. Sie versteht nicht, wie diese wundersamen Dinge zu ihr kommen und von wem – durch das Fenster, über die Dächer? –, und ich auch nicht. Sie hat nämlich einen Wohltäter, man erfährt es am Ende, einen Mann natürlich. Nachts im Traum bin ich eine kleine Prinzessin. Ich träume immer dasselbe, ich beginne damit, wenn ich noch wach bin, und im Schlaf geht es weiter. Ich wohne in einem komfortablen Haus – nicht in einem Schloss, ich bin eine bürgerliche Prinzessin –, und jedes Mal, wenn ich die Tür zum Kleider- oder zum Kühlschrank öffne, um etwas herauszunehmen, wird der Gegenstand sofort durch einen neuen ersetzt, der noch schöner, noch köstlicher ist, mir noch besser gefällt. Jede Nacht drehe ich mich in einem neuen Kleid um mich selbst, ich esse Baisers und Bonbons, trage Lackschuhe. Dieser Traum begleitet mich als kleines Kind, er hält die Angst in Schach: Mir fehlt es an nichts, ich bin erfüllt.

Wenn ich keine Schule habe, bin ich oft bei meiner Großmutter, Oma, ich muss nur durch eine Tür schlüpfen. Sie bleibt am Morgen immer zu Hause, im Gegensatz zu ihrer Mutter, meiner Uromi, die jeden Morgen *in den Laden* geht. Sie trifft um neun Uhr in ihrer Parfümerie ein, sie ist die Chefin und hat zwei Angestellte, eine davon ist Renée, die sie sonntags manchmal zum Essen einlädt. Uromi hat schlohweiße Haare mit violetten Reflexen. Niemand findet es merkwürdig, dass es von allen Mädchen im Haus, über vier Generationen hinweg, die Älteste ist, die arbeiten geht, die Einzige, die Geld verdient. Mein Vater mag Uromi nicht besonders, oder Uromi mag Papa nicht besonders, ich weiß es nicht, aber er nennt sie am Esstisch oft als Beispiel, manchmal bringt er Mama sogar zum Weinen damit, vor allem, wenn sie einen neuen Lippenstift trägt. Er sagt zu uns, wir müssten unbedingt mal einen Beruf haben, Claude und ich, wie Uromi, Friseurin, Lehrerin, Krankenschwester, was wir wollen, aber es sei wichtig: Wir sollten nicht meinen, wir könnten den lieben langen Tag Däumchen drehen – er schaut Mama von der Seite an –, wir seien keine Vatertöchterchen. Mama schon, wenn ich es richtig verstanden habe. Ihr Vater ist es, Opa Maurice, der ihr die Wohnung gegeben hat, das Auto, und er war es auch, der Papa die Praxis gekauft und in den Heiratskorb gelegt hat – er hat die kleinste von ganz Rouen genommen, die Patienten mussten erst noch gefunden werden, aber gleichwohl … Das nennt man mit Gift heiraten – ich lerne das Wort aus dem Mund von Oma, ich werde es später bei Molière wiederfinden: Man gibt dem Mädchen Geld, damit es einen Ehemann erbeuten kann. »Aber wie kann man dann wissen, ob es aus Liebe ist oder nur wegen des Gifts?«, frage ich. »Das eine schließt das andere nicht aus«, antwortet Oma. Mama ist also ein Vatertöchterchen, wie in den Märchen, wo die Väter Könige sind. Claude und ich, wenn wir mal heiraten, werden überhaupt nichts bekommen, das ist der Unterschied. Wir werden Niemandstöchterchen sein. Man weiß nicht, welchen Job der Märchenprinz haben wird, aber er wird nicht die Pissnelke wählen, die rumsitzt und darauf wartet, dass er aufkreuzt. Dornröschen, das ist Bockmist! Da könnt ihr warten, bis ihr grau seid. Dickmops wird keinen magischen Kühlschrank haben, der sich von selbst auffüllt. Kapiert? Kapiert. Versprochen? Versprochen. Ich verspreche es.

Andererseits profitiert Papa sehr wohl von dem Geld, das den Mädchen gegeben wird, das ist alles nicht sehr logisch. Er sagt oft: »Geld macht nicht glücklich. Aber es trägt dazu bei.« Er sieht aber nicht glücklich aus. Wir werden mal für uns selbst geliebt werden, wenn wir erwachsen sind. Und wenn wir nie geliebt werden? Diese Fragen quälen mich: ohne Geld, ohne Liebe, wie wird das gehen? Zum Glück gibt es Träume. Und überhaupt, was weiß denn Papa in seiner *Nautilus* schon über unsere Zukunft?

Da mein Großvater ebenfalls nie da ist – er hat eine Fabrik, die Plastik herstellt und die Zeit frisst, und dann leitet er auch noch den Rugby-Club –, gehört die Wohnung uns Mädchen. Meine Großmutter hat einen klar geregelten Tagesablauf. Jeden Morgen nach dem Frühstück putzt sie, sie geht mit ihrem Staubwedel und dem orangenen Lappen von Raum zu Raum. Sie könnte ein Dienstmädchen haben, aber was würde sie dann morgens tun? Ich bewundere ihre Gründlichkeit, und das Geregelte daran fasziniert mich und macht mir gleichzeitig Angst: Werde ich das ebenfalls tun müssen, wenn ich mal groß bin? Ohne Ende dieselben Handgriffe wiederholen, immer wieder von vorne anfangen, während sich draußen das Leben abspielt? Die Routine meiner Großmutter ist tröstlich, sie weiß, was sie zu tun hat, sie sieht den Nutzen und ich auch. Alles ist sauber, ordentlich, wie jeden Tag erneuert, frisch. Sie macht Jagd auf den Staub, zu dem wir alle werden – der Pfarrer hat es uns im Katechismusunterricht vorgelesen: »Aus Staub bist du und zu Staub kehrst du zurück.« Keiner geht durch die Lappen, keiner entkommt, sagt er, aber meine Großmutter versucht es. Sie wischt den Tod mit einer Handbewegung weg, räumt sämtliche Leichen fort, die sich auf den Schränken abgelagert haben. Sie hält das Leben in Gang. Andererseits, sage ich mir voller Angst, wird das mit ihrem Tod aufhören. Wer wird ihre unmögliche Aufgabe weiterführen? Ich will das nicht übernehmen. Sie bittet mich übrigens auch nie, ihr zu helfen, sie bringt mir nicht bei, wie man putzt. Prinzessinnen haben ein anderes Schicksal, draußen, wie die Männer. Also laufe ich ihr hinterher, während ich ihr Geschichten erzähle, sie mag das, auch wenn sie mir manchmal sagt, ich sei ein echtes Mädchen, *eine richtige Quasselstrippe*. Wenn ich genug habe, gehe ich durch die Verbindungstür zurück zu meiner Mutter. Sie putzt auch, aber weniger gründlich. Sie geht nicht bis in die Ecken, sie ist achtundzwanzig, das wirkliche Leben findet anderswo statt. Sie setzt ein Frikassee auf oder schiebt einen Apfelkuchen in den Ofen, gegen elf isst sie oft ein Scheibchen Wurst mit einem Glas Wein – ein Schlückchen Roten, sagt sie. Sie wartet darauf, dass André sie zwischen zwei Besichtigungsterminen anruft – er ist Immobilienmakler –, er macht es vom Haus eines Kunden aus, damit seine Frau ihn nicht hört, erklärt sie Oma, die sich zu ihr gesellt, wenn sie mit ihrer Toilette fertig ist, es ist ein bisschen frustrierend, sagt sie, weil er nicht über die Liebe reden kann. Also legt sie Platten auf den *Pickup*, obwohl Papa es nicht mag, wenn man ihn in seiner Abwesenheit benutzt, er sagt, wir würden ihn kaputt machen. Sie tanzt den Twist zu Petula Clark und reißt uns mit, Claude und mich, während Oma uns von der Kante ihres rosa Sessels aus mit Nachsicht oder Freude oder vielleicht dem Wunsch zuschaut, sich uns anzuschließen – sie ist schließlich erst achtundvierzig. Mama hört auch Sacha Distel und Richard Anthony, *Wie kann ich leben in einer Welt ohne dich, ich liebe dich, ich liebe dich viel mehr, als du glaubst, und nie werde ich leben ohne dich,* und da fängt sie normalerweise wieder von André und von Papa an, sie sagt unfreundliche Dinge und nennt ihn Matthieu, Matthieu ist knauserig, Matthieu spricht kaum ein Wort mit ihr, Matthieu ist nicht gerade eine Bombe im …, manchmal sperrt Oma die Augen auf, nicht vor den Mädchen, aber Mama redet weiter, sie muss denken, dass wir nicht wissen, dass Papa Matthieu heißt, sie hält uns ein bisschen für Dummchen. Es gibt auch ein Lied, das ich hasse. Der Refrain schwafelt: »Sie gestatten mein Herr, dass ich mir Ihr Mädchen leih!« Ich finde die Worte albern, man leiht sich keine Mädchen aus wie ein Buch, ein Mädchen ist kein Gegenstand, und außerdem wird ein Mädchen nicht zurückgegeben, es wird behalten – na ja, in den Märchen jedenfalls ist das so. Der Sänger heißt Adamo, was auf Italienisch Adam bedeutet. Ein ziemlicher Hohlkopf, der erste Mann, würde ich sagen.

Wenn ich nicht lese, spiele ich mit meiner Puppe. Ich schiebe ihren Kinderwagen durch alle Räume. Bella ist blond, sie hat blaue Augen wie ich, man sieht, dass wir miteinander verwandt sind. Sie hat am selben Tag wie ich Geburtstag, und ich schenke ihr jedes Mal ein Kleid oder Spangen für ihr lockiges Haar. Eines Tages gehen wir zu André und seiner Frau zu Besuch, sie haben zwei Kinder ungefähr in unserem Alter, erklärt Mama – »ein Mädchen und einen Jungen«, präzisiert sie ein klein bisschen traurig. Ich nehme Bella mit. Christiane ist zehn, so alt wie Claude, und Gilbert ist kleiner als ich, man muss ihm noch helfen, aufs Klo zu gehen – wir, die Mädchen, gehen alle drei mit, wir lachen, und er wird rot. Er hat ein Parkhaus mit einem Aufzug für die Autos und einer Spiralrampe, er mag es nicht, wenn man seinen grünen Simca 1000 mit Karacho hinuntersausen lässt, aber Claude macht es trotzdem jedes Mal. Christiane hat Puppen, die noch viel schöner sind als meine, sie können sprechen und die Arme bewegen – eine pinkelt sogar, wenn man ihr die Flasche mit Wasser gibt. Das Komische ist, dass sie sie nicht immer bei sich haben darf. Sie muss ihre Mutter jedes Mal um Erlaubnis fragen, die dann Ja oder Nein sagt. Wenn sie Ja sagt (wenn wir da sind, sagt sie gewöhnlich Ja), öffnet sie mit einem großen Schlüssel die Tür zu einem Schrank, und da drinnen ist Weihnachten: herrliche Puppen, die aufrecht nebeneinander auf den Regalbrettern stehen, andere, kleinere in einem Haus mit hübschen Möbeln, rosaroten Spiegeln, Vasen, Haarbürsten und Schmuck, ein bisschen wie in meinem Traum. Dann nimmt Christianes Mutter eine der Puppen heraus, jedes Mal nur eine, und wir dürfen eine oder zwei Stunden damit spielen, danach kehrt sie in den Schrank zurück. Christiane ist traurig, aber ihre Mutter lässt sich nicht erweichen, »sie dürfen sich nicht abnutzen«. Gilbert hat seinen Ball, seine Autos, seine Legos und sogar sein Dreirad im Zimmer zur Verfügung, weil die »solider« sind. Die Mädchen sind wie Puppen, fragil, mit ihren wadenlangen Kleidern, und sie dürfen nicht schmutzig werden. Da ist noch etwas, das mir aufgefallen ist: Wenn Gilbert furzt, lachen die Eltern, aber wenn es uns passiert, sagen sie, wir seien schmutzig und sollten uns beherrschen. Mädchen, die sind schmutzanfällig. Wir gehen inzwischen fast jedes Wochenende zu André und seiner Frau. Ihr Haus ist auf dem Land, eine Viertelstunde von Rouen entfernt. Wenn Christianes Puppen eingesperrt sind, gehen wir mit meiner spazieren, die über ihr Glück lächelt, oder wir spielen mit den Gläsern der eingemachten Mirabellen aus dem Garten Einkaufsladen. Manchmal spielt Gilbert den Kunden, er bezahlt uns in dicken Bündeln Monopoly-Geldscheinen. Eines Sonntags habe ich Bella in Christianes Zimmer vergessen. Ich weine hinten im Auto, aber Papa weigert sich umzukehren, um sie zu holen, ich bekomme sie ja wieder, vierzehn Tage sind schnell herum. Als wir das nächste Mal dort sind, suche ich sofort in allen Zimmern nach Bella. Ich kann sie nicht finden. Die Mutter von Christiane muss sie zu den anderen in den Schrank geräumt haben. »Nein«, sagt sie seelenruhig. Sie hat sie dem Hilfswerk Secours Catholique gegeben, die brauchen Spielzeug für die Armen. Man muss lernen zu teilen. Mama sagt nichts, sie sieht André an. Papa schaut verlegen aus, er ist Protestant, aber er sagt auch nichts. »Warum hat sie ihnen dann nicht Gilberts Spielzeug gegeben?«, fragt Claude. Oh, wie lieb ich meine Schwester manchmal habe!

Christianes gemeine Mutter sagt zu mir: »Du hättest halt besser auf sie aufpassen müssen, auf deine Puppe. Du hast sie liegen lassen. Du bist selbst schuld.«

Auf dem Heimweg weine ich im Auto so sehr, dass Mama zu mir sagt: »Komm schon, hör auf zu weinen. Wir kaufen dir eine andere.« – »Kaufen, immer kaufen«, regt sich Papa auf. »Sylvie hat nicht ganz unrecht: Unsere Töchter teilen nicht gerne.« Mama schweigt, es reicht ihr schon, André teilen zu müssen. Ich weine noch lauter, ich will keine andere, ich will Bella wiederhaben. Sehr viel später werden mir diese Worte wieder einfallen, das kleine weinende Mädchen auf dem Rücksitz des Autos, dem sein Ein und Alles weggenommen wurde. Mit sieben Jahren oder wann auch immer, es ist nicht das Teilen, das schwer zu lernen ist. Es ist das Verlieren. Es scheint, die Mädchen seien früher zu der undankbaren Aufgabe gezwungen, bemühten sich öfter darum und schafften es weniger gut. Die Melancholie lässt grüßen. Vielleicht weigern sie sich, sich eine Niederlage aufdrängen zu lassen. Vielleicht weigern wir uns einzugestehen, dass es aussichtslos ist, auch wenn wir wissen, dass es aussichtslos ist.

Donnerstags ist keine Schule. Da Mama keine große Lust hat, uns in den Tennisclub mitzunehmen, und ich außerdem weiß, dass die kleine Prinzessin, bevor sie zum Waisenkind wurde, getanzt hatte, meldet sie uns bei Martinet an, der renommiertesten Ballettschule von Rouen. Die Stunden sind anstrengend, man muss immer wieder dieselben Schritte wiederholen, die Haltung verbessern. »Die Vierte habe ich gesagt, die Vierte«, ruft der Lehrer, den Stock in der Hand, mit dem er auf einen verspannten Arm, einen nach innen gerichteten Fuß, ein zu steifes Knie zeigt. Ich bin anmutig und halte mich gut, ich schreite feierlich wie ein Papst mit dem *Larousse illustré* auf dem Kopf, den Blick auf meine Augen im Spiegel gerichtet, das Kinn regungslos, »re-gungs-los«, sagt Monsieur Martinet, ich pflege die Pose einer kleinen Prinzessin, was mir besonders auf dem Schulhof nützen wird, um als Zimtzicke bezeichnet zu werden. Claude hingegen ist beweglicher, sie macht die Brücke, schlägt das Rad und lacht, wenn ich, vom Gewicht meines Groks mitgerissen, zu Boden falle. »Claude hat die Geschmeidigkeit, Laurence die Anmut«, erklärt Monsieur Martinet, der uns an der Ballettschule der Pariser Oper vorstellen will, meiner Großmutter. »Zu zweit würdet ihr eine perfekte Solotänzerin abgeben«, scherzt mein Großvater, dem man das Kompliment zugetragen hat. An die Pariser Oper? Das wäre ein Traum, aber ohne meine Schwester, nur mit meiner Mutter und meiner Großmutter. Ich meine, es wäre ein Traum, aber gleichzeitig habe ich Angst davor. Papa will nicht, dass wir einen Fernseher haben, aber ich konnte bei meinen Großeltern heimlich fast alle Episoden der Serie über die Schülerinnen der Pariser Oper sehen, *Die verbotene Tür*. Es geht alles gut aus, aber wie gemein die Mädchen zueinander sind, eifersüchtig und so! Da ist eins, das zu den schmutzigsten Tricks fähig ist, um die beste Rolle zu bekommen. Eigentlich, wenn man es sich recht überlegt, geht es bei allen Mädchengeschichten so zu, ganz zu schweigen von den Schwestergeschichten. Es ist immer irgendwo eine Hexe im Spiel, oder eine Schwester, die Schlangen erbricht.

Apropos Geschichten, Uromi hat herausgefunden, dass ihr Schwiegersohn, mein Opa Maurice, nicht nur so spät nach Hause kommt, um mit seinem Buchhalter zu fachsimpeln oder dem Gedrängehalb seiner Rugby-Mannschaft eine Standpauke zu halten. Schließlich hat sie der Oma davon erzählt, denn sie hat eine kleine Nachforschung angestellt: Es ist eine dicke Blondine, die manchmal in den Laden kommt, um Reispuder zu kaufen. Sie hat gesehen, wie Opa Maurice mit ihr in der Bahnhofsbrasserie zu Abend gegessen hat, und dann sind sie zusammen in seinem DS weggefahren. Es scheint, sie versucht sich eine Tabakbar bezahlen zu lassen, weshalb Uromi beschlossen hat, es ihrer Tochter zu sagen. Oma stellt mit veränderter Stimme Fragen: »Ist sie hübsch? Wie alt ist sie, ist sie ledig, glaubst du, er liebt sie?« Uromi sagt, sie sei vulgär mit ihrem strähnigen Haar und nur hinter Maurice' Geld her. »Sie ist ein Flittchen, eine Schlampe, eine Schickse« – Uromi reiht Worte aneinander, die ich nicht kenne, ich werde sie im Wörterbuch nachschlagen, sobald ich hinter dem Sofa hervorkann, hinter dem ich mich mit meiner Barbie verstecke –, »eine Nutte, eine Dirne, eine Fotze, eine Vettel«, und da Oma heult und sich fragt, ob die Bedrohung ernst ist, ob ihr Mann die Scheidung einreichen wird, zuckt Uromi mit den Schultern und folgert: »Aber was erzählst du denn da, ich sag dir doch, sie ist ein Mädchen.«

Die Mädchen in der Martinet-Schule sind ganz nett, auch wenn sie nach Komplimenten hecheln und sich vor dem Spiegel lächelnd in Pose werfen. Ich tu das auch, klar, weil ich ganz vernarrt bin in mein blassrosa Tutu, der Tüll ist wirklich sehr hübsch, wie ein Feenhut, und der Satin der Schläppchen ist kuschelweich (meine Barbie hat die gleichen, sie ist viel schöner als ich, es ist keine Spur von einem Grok an ihr). Und dann ist da noch Julien. Er ist der einzige Junge, und die Mütter, die bei der Tanzstunde zusehen, schauen ihn seltsam an. Er ist schüchtern, ganz dünn in seinem Body und der grauen Strumpfhose mit der winzigen Wölbung drauf, die Monsieur Martinet manchmal Strichpunkt nennt – noch ein Name für ihr Ding, stelle ich fest. »Julien, schütze deinen Strichpunkt!«, ruft er, wenn wir das Bein heben, und er lacht mit einem Lachen, das etwas unheimlich ist. Es ist nicht wie die riesige Beule, die zu Claudes und meiner Verblüffung die Tänzer der Erwachsenengruppe bei der Abschlussaufführung zwischen den Beinen spazieren führen, aber es scheint, dass das nicht wirklich ihr Ding ist, sondern eine Schale, um ihr Ding zu schützen. Die Mädchen hingegen haben nichts – haben offenbar nichts zu schützen. Ihre Brüste machen auch Buckel, aber sie sehen nicht so empfindlich aus, sie werden mit BHs geschützt, und wir können es kaum erwarten, auch welche zu haben, obwohl da Draht drin ist, in den Bügeln, sagt Oma. Julien macht nicht genau die gleichen Übungen wie wir, der Lehrer erklärt uns, dass der Junge im klassischen Ballett dazu da ist, das Mädchen zu tragen, zu stützen, aufzuwerten, »wie im richtigen Leben«, sagt er und dreht sein Grimassengesicht zu den Mamas. Die lächeln. Ich kann mir nicht vorstellen, wie ein kleines Bubi wie Julien einen Dickmops wie mich tragen könnte, aber das werden wir später sehen. Ich strecke den Bauch raus, bin zu stark gekrümmt, Mama geht mit mir zum Arzt und dann zu einem Krankengymnasiast (ich höre: der nicht zögern würde – was zu tun?), doch Monsieur Martinet sieht nicht, wo das Problem ist, das, was beim Tanzen graziös ist, wird in der Wissenschaft Lordose genannt, »eine geschwungene Ballerina ist sehr gut«, sagte er und begutachtet meinen Po. In den Osterferien sehe ich, wie Julien vor dem Bus, der uns ins Lager bringt, weint. Er klammert sich an seine Mutter und schreit, er wolle nicht mit. Die anderen sehen lachend zu, wie er flennt wie ein Mädchen, außer mir, erstens, weil ich ein Mädchen bin, zweitens, weil ich genau dasselbe tue wie Julien, ich weine, ich rufe nach meiner Mutter, flehe sie an, mich bei sich zu behalten, aber in mir drin, ich verberge meinen Kummer, damit ihn keiner sieht; Julien spielt die Szene öffentlich, die sich unsichtbar, heimlich in meinem ganzen Körper abspielt. Ich weiß (ich habe es bereits ausprobiert), dass es nichts bringt, höchstens Mama verärgert, die es nicht erwarten kann, dass der Bus uns für zwei Wochen wegbringt – zwei schöne Wochen ohne uns, zwei lange Wochen ohne sie. Ein Betreuer hebt Julien fast gewaltsam in den Bus, er wehrt sich, dann drückt er die Nase an die Scheibe, an der die Tränen herunterlaufen. Ich bewundere ihn für den Mut, den ich nicht habe, den Mut, seine Gefühle zu zeigen, und gleichzeitig verachte ich ihn, ich weiß auch nicht. Sein Weinen lenkt mich von meinem eigenen ab, da es bei mir eine Frage über die Jungen aufwirft: Sind sie vielleicht doch sensibel, trotz allem, was man so hört über sie? Sollte es vielleicht doch Jungen geben, für die die Liebe wichtiger ist als der Stolz, ein Junge zu sein? Die Frage beschäftigt mich so sehr, dass ich die Geschichte mit den Tränen nach meiner Rückkehr beim Mittagessen erzähle, ich darf das, weil Papa fortschrittlich ist, er findet es normal, dass Kinder am Esstisch reden. Er wird Bescheid wissen über die Jungen. Mama hatte Juliens Tränen am Tag der Abreise auch bemerkt, sie erinnert sich sehr gut daran, »ach, die Söhne und ihre Mütter«, seufzt sie, »das ist schon etwas …« Sie kann es nicht wirklich wissen, aber offensichtlich stellt sie es sich vor. »Und er tanzt mit euch?«, fragt mein Vater zerstreut, während er eine Orange schält. »Na, aus dem wird bestimmt mal eine Tunte …« Ich sitze ihm gegenüber, reiße die Augen auf. Eine Tunte, gibt es noch mehr Verwandte als Onkels und Tanten? »Nein, das ist jemand, der schwul ist.« – »Schwül, wie das Wetter?« – »Nein, das meint jemanden, der effeminiert ist.« Effeminiert? Ich bin gierig nach neuen Wörtern. »Effeminiert ist jemand, der sich wie eine Frau aufführt«, erklärt mein Vater, der mir immer gern etwas beibringt. Ich nicke, um zu zeigen, dass ich verstanden habe: »Wie eine Frau«, das kann nichts Gutes bedeuten. Danach bleibt mir nicht viel Zeit, Juliens Verhalten weiter zu studieren oder es mit dem von Tante Simone zu vergleichen. Mama bemerkt eines Tages beim Duschen auf Claudes Oberschenkeln große rote Striemen. Das kommt von der Gerte, mit der Monsieur Martinet die rebellische Claude behandelt, oder misshandelt, wenn sie seine Befehle nicht ordentlich ausführt. Mama weiß nicht so recht, ob das normal ist (wer schön sein will, muss leiden) und ob körperliche Züchtigung zu den Privilegien eines Lehrers gehört. Was denkt Matthieu? Matthieu denkt, dass die Gerte überspannt ist, es ist Schluss mit lustig, dieser Typ ist ein perverser Sadist. Was Matthieu am meisten am Herzen liegt, ist, wenn man mich fragt, dass seine Töchter nicht zu Tunten werden. Tanzen effeminiert. Klavier wahrscheinlich auch, da er nicht will, dass ich es lerne. In der Schule gab es ein Konzert, und ich kam ganz ergriffen davon zurück, wollte unbedingt so spielen lernen wie dieser Mann; er schloss hin und wieder die Augen, schüttelte sein lockiges Haar, die Musik schien ihn zu erschüttern – zweifellos auch eine Tunte. Dabei hört Papa abends, wenn wir im Bett sind, oft solche Musik. Klavier, Orgel, traurige Sachen, aber na gut, das ist nicht dasselbe, Papa ist keine Tunte. Wenn er nicht Musik hört, liest er Kriminalromane mit Mädchen in Badeanzügen auf dem Umschlag, einer Zielscheibe auf dem Bauch und lustigen Titeln: *Keine Weiber in Panama, Rabbatz in Panama, Der bulgarische Panther.* Manchmal gibt er sie an meinen Großvater weiter. Mein Opa ist auch nicht effeminiert. Als er jung war, spielte er in der französischen Rugby-Nationalmannschaft, sogar international, auf den Fotos posiert er in der Hocke, eine Hand auf dem ovalen Ball, er hat hübsche, feine Hände, nicht wie die Pfeiler, die riesige Schenkel haben und Kiefer wie Raubtiere, aber das sage ich nicht. Jetzt leitet er den Club von Rouen.

Wenn das Fünf-Nationen-Turnier im Fernsehen läuft, schließt er sich mit einem Dutzend ehemaliger Spieler im Wohnzimmer ein. Meine Großmutter schleicht sich vorsichtig mit einem Tablett voller Bier hinein und sofort wieder heraus. In unregelmäßigen Abständen dringen Schreie aus dem raucherfüllten Raum, wütende Proteste, Freudenschreie oder Grunzen; durch die Milchglasscheibe der Tür sehe ich Schatten, die sich zurücklehnen, dann plötzlich von den Sesseln aufspringen, die Arme hochreißen, aus der Flasche trinken. Manchmal zerbricht Glas, der Teppich wird voller Flecken sein. Dann brummt Uromi von hinten aus der Küche gar keine netten Worte. Ich stehe verdattert im Flur. »Geh da bloß nicht rein«, sagt meine Großmutter. Ich habe nicht die geringste Lust dazu.

Wie auch immer, mit acht gerät meine künstlerische Karriere jedenfalls ins Stocken: kein Tanz und kein Klavier, aber lesen darf ich noch. Allerdings keine Comics, außer *Asterix*, für das Latein, und *Lucky Luke*, weil ein Cowboy ist keine Tunte, und *Tim und Struppi*, der schon ein Klassiker ist – obwohl er, wenn ich es mir recht überlege, vielleicht doch einen leicht tuntigen Anstrich hat, aber da ist ja noch Kapitän Haddock, der viel Whiskey trinkt, ein richtiger Mann. Claude macht es nichts aus, das Tanzen aufzugeben, sie mag das Theater sowieso lieber. Zu Weihnachten wünscht sie sich ein Kostüm des mutigen Ritters Thierry-la-Fronde, und ich bekomme eins von Isabelle, seiner Geliebten; sie inszeniert Szenen, in denen sie mich in letzter Sekunde rettet, danach lässt sie sich herablassend auf die Wange küssen, während sie über meinen blonden Zöpfen meine Perücke aus blonden Zöpfen zurechtrückt. Der Schauspieler Jean-Claude Drouot sieht wirklich gut aus in seiner engen Strumpfhose, und meine Schwester auch, obwohl sie nichts zwischen den Beinen hat. Manchmal singe ich, um sie zu ärgern: »*Thierry la Fronde, der Blödmann, macht Gymnastik mit 'ner Schleuder aus Plastik, gekauft zum Schleuder-, zum Schleuder-, zum Schleuderpreis.*« Wenn ich allein zu Hause bin, ziehe ich traurig meine rosarote Tanzstrumpfhose an und mache vor dem Spiegel ein paar Schritte. Ich werde nie eine Primaballerina sein. Meine Begeisterung für das Tanzen erleidet allerdings bei der Schulaufführung am Ende des zweiten Schuljahres einen Dämpfer. Gemäß der Choreografie der Direktorin sind einige Mädchen als Blumen verkleidet, sie haben Rosenblütenkostüme, andere, wie Jeannine und ich, treten als Schmetterlinge auf. Wenn ich die Wahl gehabt hätte, wäre ich lieber eine Blume gewesen, man ist hübscher und bewegt sich weniger, man reckt sich in der Morgensonne in einem Gewand aus Blütenblättern; aber ich bin doch ziemlich stolz auf meins, das bunt ist und glänzt, Uromi hat es aus dem Satin fürs Schaufenster genäht, die Lehrerin hat nur noch die Fühler aus Eisendraht auf unseren Köpfen befestigt. Wir flattern also um die Rosen herum, beugen uns zu ihnen hinunter und wirbeln dann wieder vor allen Eltern und Kindern über den Schulhof. Plötzlich verheddern sich meine Fühler mit denen von Jeannine, wir mühen uns ab, verbiegen uns, um uns zu befreien, aber es ist nichts zu machen, unsere Schmetterlinge verwandeln sich in Ziegen, während die Aufführung weitergeht, sodass die Lehrerin uns schließlich von der Bühne holt und vor die Zuschauer stellt, wo wir allein mit dem Lächeln der Eltern und dem Gekicher der Jungen in der ersten Reihe fertigwerden müssen. Die Scham lähmt mich, ich entdecke die Demütigung, ein vernichtendes Gefühl. Die Jungen lachen, und ich komme mir wie eine Null vor. Es dauert nicht lange, aber es kehrt regelmäßig zurück. In meinen Träumen tauchen kichernde Jungen auf. Ich stehe da vor ihren Augen, ich bin da vor meinen Augen, außerhalb meiner selbst, ich sehe das Mädchen, das sich hilflos abstrampelt, ich sehe, wie es, den Kopf gesenkt, mit den Flügeln schlägt, sich zu befreien sucht, es nicht schafft, in der Falle ist, ein zweites, ein drittes Mal probiert, dann langsamer wird, dann aufgibt. Ist dies das gemeinsame Schicksal von Mädchen und Schmetterlingen?

4

Ich sehe sie, sage ich. Ich erkenne mich in diesem Kind durch die Zeit hindurch wie in einem Spiegel, aber es passiert einer anderen, sonst geht es nicht. Sie kommt aus dem Kaninchenschuppen, sie hat ihnen Karottenkraut durchs Drahtgitter gesteckt. Sie trägt eine karierte Shorts und eine rosarote Bluse. Ich weiß nicht genau, wie alt sie ist, ich würde sagen, sie geht auf die neun zu: Es ist der erste Sommer in La Chaux ohne ihren Opa Maurice, und es hätte nicht geschehen können, als er noch lebte, das hätte niemand gewagt. Es war auch nicht später, denn in dem Jahr, in dem sie zehn wurde, war sie die ganze Zeit krank, es ist das Jahr, da sich ihre Haut beschwert, da sich ihr Körper beklagt.

Er, das ist der ältere Bruder ihres Großvaters, sein Name ist Félix, sie nennt ihn Onkel, wie ihre Mutter. Sie sieht ihn nur während der Sommerferien in La Chaux, wo alle, klein und groß, zusammenkommen: Es ist »die Wiege der Familie«, sagen sie, und sie stellt sich jedes Mal vor, wie sie sich gemeinsam, sie in der Mitte, wie ihre Puppen in einen Kinderwagen quetschen. Sie mag diesen Onkel nicht besonders, er sieht komisch aus. Aber er kommt am Abend zum Belote-Spielen; in ihr Bett gekuschelt, hört sie die Großen bis spät in die Nacht unter der Küchenlampe lachen oder johlen, sie kann sie durch den Spalt des undichten Türrahmens sehen. Wenn ihre Mutter da ist, gewinnt sie immer, sie ist gut im Kartenspiel. Und er bringt ihnen Kopfsalat und Zucchini aus seinem Gemüsegarten mit.

Er winkt sie herüber, zum Kopfsalat eben, er will ihr einen für die Marcelle geben. Sie weiß, dass man nicht »die Marcelle« sagen soll, dass das schlechter Stil ist, aber das wird sie dem Onkel nicht sagen, er wäre beleidigt. Marcelle ist ihre Großmutter. Seit sie Witwe ist, trägt sie Schwarz, lächelt nicht mehr und isst kaum. »Komm her, Lolo«, sagt er. Er trägt einen Blaumann, Gummistiefel und hat Erde an den Händen, die er auf einen Spaten stützt. Sie hängt den Haken der Schuppentür ein und nähert sich. Er sagt ihr, sie solle einen Salat auswählen, sie zeigt mit dem Finger auf den schönsten, der nicht von Schnecken angefressen ist. Er steht hinter ihr. Er steckt seinen Spaten zehn Zentimeter vor ihrem Fuß in den Boden, der Stiel überragt sie, sie denkt an den Stab, den ihr Großvater geschnitzt hatte und in den er jeden Sommer Kerben machte, um zu sehen, wie viel sie gewachsen war. Er berührt ihre Pobacken, sie will sich umdrehen, macht er sich auch über sie lustig, weiß er, dass Claude sie Grok nennt? Aber sie kann nicht, er hält sie mit fester Hand am Nacken fest, so wie Thérèse die Hasen beim Häuten, während sie ihnen mit der anderen das Fell abzieht, das sich mit Blut vermischt. Er drückt ihr Gesicht an die Schuppenwand, die Hand immer noch am Nacken, die andere knöpft ihre Shorts auf und gleitet in ihre Unterhose, er sagt, »Sieh mal, du hast ja noch gar keine Haare«, schiebt die Finger zwischen ihre Beine, drückt sie mit Gewalt auseinander, »das wird kommen«, sie verliert das Gleichgewicht, sie würde umfallen, wenn er sie nicht festhielte, »du magst das, he, das gefällt dir, alle Mädchen mögen das«, er knetet keuchend ihre Pobacken, sie spürt das Messer auf ihrem Rücken, das Thérèse hat, um die Hasen zu zerlegen, auf der Straße unten kommt ein Traktor um die Kurve, die Finger verkrampfen sich zwischen den Schenkeln und tun ihr weh, ziehen sich rabiat zurück, schließen einen Knopf. Seine erdige Haut ist voller brauner Flecken. Er setzt sie auf die halbfertige Mauer.

»Warte hier auf mich.«

Ihr Herz schlägt wie das des Hasen, bevor er stirbt, so als wollte er mit lauwarmer Haut verrecken.

Sie wartet.

Einem Onkel muss man gehorchen.

Er wäre traurig.

Er wäre zornig.

Die Mauer ist hoch.

Sie wartet.

Er kommt zurück, sie hat sich nicht gerührt. Ihre Waden zittern in der Sonne. Er geht bei der Thérèse Kaffee trinken, er nimmt sie mit, los, komm. Er hebt sie hoch und stellt sie auf den Boden, wie man einen Spaten in die Erde steckt. Sie fängt an, neben ihm herzugehen. Ihre Beine tragen sie. Im Bauernhof, bei Thérèse, wird ihr nichts passieren.

Thérèse steht in der Küche und erhitzt die Kaffeekanne auf dem großen Feuerherd. Roger, ihr Mann, hat den Traktor in der Remise abgestellt und lässt sich schwer auf die Bank fallen. Seine Latzhose ist voll von getrockneter Gülle. Seine Wangen sind gerötet und er schaut sie von unten herauf an, ohne zu lächeln. »Ah, Lolo, warst du beim Félix!«, sagt Thérèse. »Und jetzt wollt ihr euch einen genehmigen, wa?« Sie lacht, ihr fehlen ein paar Zähne. Auch Nicolas ist da, der älteste Sohn, mit seiner Frau, die im Stall hilft und es nicht mag, wenn die Kinder beim Melken die Kühe anschauen kommen.

Sie will zu Thérèse an den Herd, seit sie »die Totale« gehabt hat, sieht sie sie nicht mehr so oft – sie weiß nicht, was das für eine Krankheit ist, aber sie hat zur Folge, dass die Kühe jetzt auf der unteren Weide bleiben. Sie hat keine Zeit, um den Tisch herumzugehen, der Onkel zieht sie am Arm zu sich auf die Bank herunter, den anderen gegenüber, er steckt seine Hand tief in ihre Unterhose, zwischen die Schenkel, und lässt sie da. Die anderen erstarren und schauen alle dahin, wo die Hand des Onkels verschwunden ist, dann auf ihr Gesicht. Sie wagt sich nicht zu rühren. Wenn die Großen nichts sagen, muss alles normal sein. Der Salat liegt vor ihr auf dem Tisch, es ist Erde dran. Onkel Félix trinkt in aller Ruhe seinen Kaffee, schüttet mit der linken Hand einen Schuss Schnaps hinein, während seine rechte in ihrer Shorts wühlt, als wäre es seine Hosentasche. Die Erwachsenen schauen nicht ihn an, sie schauen sie an, sie. Kleines Luder, sagen ihre Augen. Selbst Thérèses Augen haben einen anderen Glanz, sie hat einen bösen

Blick, den sie noch nie an ihr gesehen hat, genau wie ihre Schwiegertochter, die den Mund zu einem schiefen Lächeln verzieht. Sie schätzen sie falsch ein, das sieht sie. Aber wenn es schlecht ist, warum sagen sie dann nichts? Sie weiß nicht mehr, wohin mit ihrem Lächeln. Balto kommt und beschnuppert ihre Knie, zieht an ihren Schnürsenkeln. In Ohnmacht fallen, das würde sie retten. Aber nein. Der Nachmittag geht weiter. Sie ist eine schlappe Puppe, die auf einer Bank sitzt, und eine Hand bewegt sich vor aller Augen in ihrer Unterhose. Die Scham riecht nach Kaffee. Die Angst stinkt nach Hund. Am Schluss schickt er sie auf der Türschwelle mit einem Klaps auf den Po weg, »los, geh nach Hause«, im Tonfall von jemandem, den man genug gestört hat. Thérèse wischt, ohne aufzuschauen, das Wachstischtuch. Roger setzt sich die Mütze wieder auf sein graues Haar, fixiert die Knöpfe an seinem Hosenschlitz und massiert sich den Nacken. Auf dem Heimweg zu ihrer Großmutter geht sie absichtlich durch die Brennnesseln, sie springt hinein, trampelt auf dem Salat herum, aus dem grünes Blut spritzt.

Sie will keine Shorts mehr tragen, sie füttert nicht mehr die Kaninchen, sie weigert sich, Gemüse zu essen, man schimpft mit ihr. Eines Morgens geht sie zu ihrer Großmutter ins Zimmer und erzählt ihr alles. Ihre Großmutter hört auf zu fegen, beugt sich zu ihr hinunter und sagt, während sie sie an die Schulter fasst: »Was du mir da eben gesagt hast, darfst du niemals jemandem weitersagen. Hast du gehört? Niemals.« Die dicke gelbe Steppdecke liegt tadellos auf dem Bett, nicht eine Falte, sie muss eine Menge Zeit darauf verwendet haben. Die Holzmöbel glänzen, man kann sich darin sehen. Das Wort »niemals« wiegt so schwer wie der Wäscheschrank. Die Großmutter greift wieder zum Scheuertuch, schrubbt und schrubbt, sie wird mit dem ganzen Dreck schon fertigwerden.

Abends gibt es kein Kartenspiel. Mama ist da, und Oma, und Uromi. Auch Luce sitzt am Küchentisch, eine alte Cousine ihrer Oma, die im Unterdorf wohnt, und Tante Berthe, eine der Schwestern ihres Opas (und des Onkels ja dann auch, begreift sie plötzlich), eine gar nicht effeminierte Tante, sogar einen Schnurrbart hat sie. Das nennt sich Familienrat – auch wenn es eher ein Mädchenrat ist, sagt sie sich, da ihr Vater in Rouen geblieben ist, er kommt nie mit nach La Chaux. Ihre Großmutter muss die Situation bereits zusammengefasst haben, denn niemand fordert sie auf, noch einmal zu erzählen, was passiert ist. Es ist, als wäre es der Familie passiert, nicht ihr, als wäre es etwas Ärgerliches für die Familie, nicht für sie. Ihre Mutter hat sie nur gefragt, ob es wehgetan hat, ob sie geblutet hat, aber ohne es allzu genau wissen zu wollen. Sie sieht nicht beunruhigt aus, sie scheint solche Sachen gewohnt zu sein. »Er wäre nie aufs Ganze gegangen«, sagt Tante Berthe und rümpft ihre Nase in Richtung ihrer Großnichte. Dabei schaut sie sie an, als versuchte sie einzuschätzen, was sich unter dem rosa geblümten Nachthemd verbirgt, sie hat dieselben bösen Augen wie Thérèse neulich. Claude ist aus der Küche verschwunden, sobald sie begriffen hat, dass es um Grok geht, sie spielt trällernd im Zimmer, man hört, wie die Spielfiguren gegeneinander stoßen, manchmal schmeißt sie sie mit aller Kraft über den Fußboden, »nicht so laut, Claude«, ruft Mama, »wir hören einander nicht mehr!« »Natürlich geht er nicht aufs Ganze« (aufs ganze was?), sagt ihre Großmutter. »Ein bisschen fummeln. Aber trotzdem: Das muss aufhören.« – »Es ist wegen seiner Frau«, sagt die Cousine, »das ist, seit die Jocelyne die Totale hatte.« (Die Totale?, wie Thérèse. »Was ist das, Uromi, die Totale«, flüstert sie Uromi zu, die strickt und noch nichts gesagt hat. »Wenn sie dir da unten herum alles rausnehmen«, antwortet diese – mit einer unbestimmten Geste Richtung Unterleib. Sie strafft ihr Nachthemd zwischen ihren Schenkeln, ihr wird ganz schlecht. »Aber bei dir doch nicht, du Dummerchen«, fügt Uromi hinzu und tätschelt ihr den Arm, »bei den Alten.«) »Seit ihrer Operation will sie nichts mehr davon hören, wird der Laden jeden Abend dichtgemacht, da ist der Mann natürlich frustriert. Die Männer, die haben halt Triebe, da kann man nichts machen. Die brauchen den Verkehr.« – »Und, was machen wir jetzt?« – »Ich werde meinen Bruder mal vorsichtig darauf ansprechen«, sagt Berthe, »ich werde ihm sagen, er soll damit aufhören. Und du, Lolo, kein Wort, verstanden? Schmutzige Wäsche wird in der Familie gewaschen. Du gehorchst, ja? Kein Sterbenswörtchen, das gilt für alle«, und sie macht eine Geste, als würde sie sich den Mund zunähen, »wenn meine Schwägerin das erfährt, das wäre schrecklich, die Arme, das hat sie nicht verdient …«

Ihre Mama bringt sie ins Bett, deckt sie zu und küsst sie lange auf die Stirn. »Das wird schon, mein Schatz. Schlaf jetzt.« – »Und das Messer, Mama, ihr habt nichts über sein Messer gesagt. Wenn er weiß, dass ich ihn verraten habe, wird er mir dann nicht wehtun damit?« – »Das war kein Messer, mach dir keine Sorgen, dir passiert nichts, meine Lolo. Du musst dem Onkel jetzt nur aus dem Weg gehen. Sobald du ihn siehst, gehst du woandershin. So wird er dich in Ruhe lassen. Und Tante Jocelyne wird nichts erfahren.«

Sie sagt Ja, mache ich, Mama, und schließt die Augen unter dem Kuss. »Na, musstest dich wieder interessant machen?«, sagt Claude, sobald das Licht ausgeschaltet ist. »Er hat mich auch schon befummelt, aber ich habe keine große Sache daraus gemacht. Er ist nur ein ekelhafter alter Mann. Und du hast noch nicht mal Brüste.«

Sie hat Mühe einzuschlafen. Wenn es kein Messer war, was war es dann? Sie sieht blutige Lippen, von Chirurgen operiert, deren Hände mit braunen Flecken übersät sind, sie halten eine Nadel und einen Faden, stechen ihr ins Fleisch, um ihr den Mund zuzunähen. Sie denkt wieder an das, was Tante Berthe gesagt hat: »Schmutzige Wäsche wird in der Familie gewaschen.« Komischer Satz. In der Nacht klopfen schnauzbärtige Wäscherinnen dungbeschmierte Hosen aus.

An den folgenden Tagen spielen die Frauen in der Küche Scrabble und trinken Kräutertee. Sie kann ihr Geflüster durch die Wand hören. Sie liest *Fantômette*, die Geschichte eines klugen Mädchens, das sämtliche Probleme lösen kann. Dann, eines Abends, als sie bereits im Bett liegt und das Licht aus ist, vernimmt sie mit Schrecken das Lachen von Onkel Félix, »macht zehn«, schreit er. Am nächsten Tag steht eine Flasche Pernod auf dem Tisch. Kartenspielen macht eben mehr Spaß als Scrabble. Und es braucht vier, um Belote zu spielen, deshalb geht es nicht ohne ihn.

Ihr Vater weiß nichts von alldem, und als sie wieder in Rouen sind, erzählt ihm niemand, was vorgefallen ist, man kommt gar nicht auf die Idee. Bei der Großmutter setzt sie sich wieder in den Sessel ihres Großvaters vor dem Fernseher. Warum ist er gestorben und nicht der Onkel, der doch älter ist? Ihre Großmutter sagt, er habe zum vierten Mal einen Herzinfarkt gehabt, weil er darauf bestanden hatte, am Bahnhof den riesigen Koffer einer Frau zu tragen. Nachdem er dreimal gewarnt worden war, wollte er mit dreiundsechzig Jahren noch den Galan spielen, »und das war's, er hat mich ganz allein gelassen. Jedem Weiberrock musste er hinterherlaufen. Wie dumm ein Mann doch ist«, sagt sie mit zitternder Stimme.

5

Der Märchenprinz verschwindet aus den Träumen, das magische Haus ebenfalls. Ihre Nächte werden von Insekten bevölkert, wuselnden Schaben und Spinnen, die überall hereinkriechen. Ihr Körper ist voller Löcher, durch die sie eindringen können, ein einziger wimmelnder Albtraum. Sie liest in Uromis Illustrierten *France Dimanche* von einer Frau, die jahrelang Kopfschmerzen hatte, bis man schließlich beim Röntgen einen Ohrwurm entdeckte, der sich durch ihre Nebenhöhlen gefressen hatte: Er muss während eines Mittagsschlafs auf dem Land durch ein Nasenloch hineingeschlüpft sein, erklärt der Artikel. Dieser Satz verfolgt sie. Nachts im Dunkeln übt sie, sich die Nase zuzuhalten, die Lippen zu schließen, Schenkel und Pobacken zusammenzupressen: Es darf nichts in sie eindringen, sie war wie besessen von dieser Vorstellung. Eines Tages liegt eine kleine Maus ertrunken im Wasser der Toilette. Von da an betritt sie das Klo nie mehr ohne ein Buch, mit dem sie fieberhaft vor der Schüssel herumfuchtelt, um alles zu verjagen, was fliegt und kriecht und krabbelt und sich einschleichen könnte. Wenn sie auf der Klobrille sitzt, stellt sie sich von unten vor, wie ihre Augen auf dem Wasser schwimmen und ihre klaffenden Löcher sehen, sie möchte schreien, aber nein, der Mund bleibt zugenäht.

Sie bekommt Verstopfung, muss wegen eines »rebellischen Darms« behandelt werden – so steht es auf dem Arztrezept, rebellisch, ausnahmsweise ist damit nicht Claude gemeint, sondern sie. Die Arznei ist schlimmer als das Übel, Zäpfchen, Klistier … Sie träumt von Stöpseln, die sämtliche Ein- und Ausgänge verschließen: Ihr Körper ist keine Durchgangsstation. Da darf keiner hindurch.

Sie mag keine Nachthemden mehr, leiht sich von Claude Pyjamas aus, behält immer ihre Unterhose an; sie wäscht sich nicht mehr, hantiert mit dem Wasserhahn, als würde sie sich duschen, während sie vollständig bekleidet am Wannenrand steht. Sie isst, ohne das Gebiss zu öffnen, mit der Hand vor dem Mund. Sie putzt gründlich die Zähne, um Karies zu vermeiden, sie will nicht mehr zum Zahnarzt, nicht mehr vor Doktor Galiot den Mund aufmachen. Sie geht nicht mehr gerne spazieren, rollt nicht mehr durchs Gras, kennt sämtliche Gefahren, die von Insekten ausgehen. »Kleine Biester fressen keine großen«, scherzt Uromi. Nein, aber es ist heimtückischer: Zecken dringen in die Haut ein und graben sich durch die Nerven, bis man gelähmt ist (das hat sie in La Chaux gesehen, Baltos Mutter ist daran gestorben), Wespen, wenn man sie versehentlich beim Trinken verschluckt, stechen von innen und töten einen, Ameisen siedeln sich sogar im Körper an und fressen einen auf, höhlen einen aus, bis man ein leerer Weinschlauch ist, ein durchlöcherter Ballon. Ab sofort wird sie undurchdringlich sein.

Im folgenden Winter hat sie am Oberschenkel, unter dem Gummizug ihrer Unterhose, einen großen Pickel. Sie wartet, bis sie große Schmerzen hat, bevor sie es ihrer Mutter sagt, und der infizierte Furunkel, dessen entzündete Spitze eitert, muss auf der Stelle operiert werden. Das übernimmt ihr Vater, er ist Arzt. Mit den Händen zwischen ihren Schenkeln ritzt er mit einem Skalpell den prallen Pickel ein, aus dem der weiße Eiter quillt. Ihre Mutter hält ihre Arme fest, damit sie sich nicht bewegen kann. Sie wimmert. »Ist alles halb so schlimm, Schätzchen, es ist gleich vorbei.« Ihr Vater widerspricht: »Ein Furunkel ist gefährlich, sie hätte daran sterben können, warum hat sie nichts gesagt?« Sie weint. Er legt eine Mullbinde auf ihre Leiste, die sofort rot ist vom Blut, befestigt sie mit einem Verband, der jeden Tag gewechselt werden muss. »Hast du deine Regel bekommen?«, fragt Claude, die ihre gerade bekommen hat.

Regel hin oder her, Claude fällt in die Kindheit zurück. Eines Tages wird sie auf einer Bahre von der Schule nach Hause gebracht: Sie kann nicht mehr gehen. Als sie am Ende der Französischstunde aufstehen wollte, kam sie nicht mehr hoch, ihre Beine versagten, trugen sie nicht mehr, und sie brach zusammen. Sie ist mit ihren dreizehn Jahren wieder wie ein Baby, muss auf dem Arm getragen werden. Die Eltern sind besorgt. Kaum haben sie den Furunkel der Jüngsten hinter sich, kommt die Ältere mit einer Lähmung daher – sodass man sich fragen kann, ob sie diesen Zeitpunkt nicht gewählt hat, um sich interessant zu machen, aber na ja.

Es ist nicht einfach, die Aufmerksamkeit der Eltern zu gewinnen: Sie streiten sich ständig in letzter Zeit, sagen schreckliche Dinge zueinander, vielleicht denken sie, dass Mädchen keine Ohren haben. Claudes Krankheit hat immerhin den Vorzug, dass sich ihr Gezänk legt, für zwei Wochen zumindest. Sie ziehen einen Spezialisten heran, Claude wird untersucht, »sie hat nichts«, sagt er. André sagt das Gleiche zu Mama: »Sie hat nichts«, und er fügt noch hinzu, »sie spielt nur Theater, damit sie nicht in die Schule muss.« Aber Claude bricht jedes Mal weinend zusammen, wenn man versucht, sie aufzurichten. Sie gehen zum Beinspezialisten, er lässt ein paar große, hässliche Schuhe anfertigen, die Claude nur dreimal anzieht (»Ich hätte Orthopäde werden sollen«, stöhnt der Vater, als er die Rechnung erhält), es hilft nichts, sie läuft nicht. Eines Abends weint sie, schreit, sie wolle sterben, sie ist so unglücklich, dass sie sich auf dem Boden wälzt und sich die Wangen blutig kratzt. Papa muss versprechen, dass er nie mehr zu Mama sagt, sie sei ein Schmarotzer, und zu ihr, sie sei ein Faulpelz. Wie ein Merowingerkönig auf dem Sofa liegend, lässt sie ihn einen Haufen Dinge schwören, und er schwört ihr alles, was sie will, dass er sich besser um sie kümmern wird, dass er sie liebt, auch wenn sie ihm nicht glaubt, dass er sie mehr liebt als sonst jemand auf der Welt (hm). Da steht Claude auf und geht wieder in die Schule. Zu Weihnachten schenkt er ihr eine Autorennbahn. Auf dem Wohnzimmerteppich baut er mit ihr die Metallschlaufen zur Strecke des 24-Stunden-Rennens zusammen, und jeden Mittag spielen sie, nach dem Radioquiz

Le jeu des 1000 francs, mit heiß laufenden Controllern ein Formel-1-Rennen. Er hat ein blaues Auto, Claude ein rotes. Manchmal gerät einer der Rennwagen aus der Bahn, denn die Kurven sind ziemlich steil; sie lachen und spielen weiter, bis es Zeit für die Schule und die Hausbesuche ist. Claude ist stolz und überlässt mir den Platz nie – Grok, ein Rennfahrer? Dass ich nicht lache! Sie plustert sich auf. Als würde der Vater ihr gehören. Aber in Wirklichkeit fängt er bald wieder an, die Mutter anzuschreien, abends ohne ein Wort aus dem Haus zu gehen, er hält seine Versprechen nicht. Er wollte ihr nur Beine machen. Es scheint, es habe im neunzehnten Jahrhundert im Pariser Krankenhaus Salpêtrière junge oder auch alte Frauen gegeben, die wie Claude wegen gar nichts gelähmt waren, oder stumm, oder sogar blind, ohne jeden Grund. Man nannte sie »hysterisch« – ein hässliches Wort, das von »Gebärmutter« kommen soll. Sie hatten tatsächlich nichts. Und genau das war ihr Problem. Warum hatten sie nichts, da, wo die Jungen etwas hatten. Dieser Unterschied vernichtete sie, sie streikten. Es brachte ihren Körper und ihre Seele aus dem Gleichgewicht, nicht zu wissen, warum. Die ganze Geschichte steht in einem Buch in der Bibliothek von Rouen, aber sie gibt keine Antwort auf die Frage.

Jedenfalls kümmert man sich nicht mehr um sie – kaum war die Eiterbeule trocken, hat Claude es geschafft und sie aus dem Rampenlicht verdrängt. Zum Glück hat sie noch Jeannine, aber sie sagt ihr nichts, sie hat verstanden, dass man alles für sich behalten muss, besonders die schmutzige Wäsche, und erst recht die,

die nicht mehr sauber zu kriegen ist. Jetzt, wo sie in der richtigen Schule sind, kommentiert Jeannine gerne, was die Jungen im anderen Schulhof treiben. Wenn sie nicht wie die Halbverrückten herumrennen und so tun, als würden sie aufeinander schießen oder heftig gestikulierend einen Schwertkampf ohne Schwert ausfechten, nähern sie sich dem Gitter, das die beiden Höfe trennt, und rufen nach ihnen. Jeannine hört auf, Gummitwist oder Himmel und Hölle zu spielen, und sie also zwangsläufig auch. Die Jungen nennen sie Knalltüten, und Jeannine kontert mit Pupsnasen. Sie selbst hält sich etwas im Hintergrund, obwohl sie weiß, dass man sie hübscher findet als Jeannine; im Winter auf der Klassenfahrt gibt es immer größere Jungen, die ihr die Skier tragen wollen, wenn sie sich am Hang bis zum Lift abmüht, wo man ihr einen Bügel unter den Po schiebt (sie hasst es). Einmal schenkt ihr ein Großer von mindestens dreizehn Jahren eine Packung Mon-Chéri. »Na, sag mal, ich fasse es nicht«, sagt ein Skilehrer zu seinem Kollegen. »Ja«, sagt der andere, »schade, dass sie erst zehn ist.« – »Oder eher, zum Glück ...«, grinst der erste. Sie versteht nicht recht, was sie reden, lächelt aber freundlich (immer schön lächeln, sagt Uromi), ist misstrauisch, manchmal überkommt sie Angst, wenn sie im Schlafsaal daran denkt. Was die Jungen in ihrem Alter angeht, die haben nur Blödsinn im Kopf. Das Einzige, worum sie sie beneidet, sind ihre Murmeln, rote, blaue und gelbe Achate, die sie gerne in ihrer Hand rollen würde. Aber Mädchen spielen nicht mit Murmeln, so ist das nun mal. Selbst ihr Nachbar Joël, den sie gemocht hatte, wird gemein; eines

Tages fängt er in seinem Garten einen Frosch, steckt ihm einen Strohhalm in den Hintern und pustet hinein, damit er platzt. Als er halb tot ist, wirft er ihn in einen Ameisenhaufen. Er lacht nicht, er zieht eine Grimasse, und sie kennt sein Gesicht nicht mehr. Sie bedeckt sich die Augen, fühlt sich kalt, wie ein Frosch. Ein Frosch ist kein Prinz, das sind alles nur Geschichten, Ammenmärchen.

In der Schule arbeitet sie sehr gut, ist immer die Beste oder die Zweitbeste – sie mag es nicht, die Zweitbeste zu sein. Bis auf Jeannine werden alle Mädchen zu Rivalinnen, es geht darum, sie zu überholen. Wenn sie eine Übung vor den anderen beendet hat, was oft vorkommt, denkt sie an die unter ihren Röcken und Schürzen brav in der Unterhose zusammengepressten Lippen. Sie stellt sich die Linie der Schlitze vor, aufgereiht wie die Stühle und die Pulte mit dem Loch für das Tintenfass, in das man die Sergent-Major-Feder hineintaucht. Die geordnete Fortsetzung dieses geheimen, unter der Kleidung verborgenen und von den Möbeln nachgeahmten Musters fasziniert sie, als wäre die gewöhnliche, sichtbare Welt die Darstellung einer verbotenen, unbekannten Welt, von der sie allein weiß. Das Wissen, dass Gedanken so unsichtbar sind wie die Geschlechtsteile, bereitet ihr großes Vergnügen. Im Pausenhof entdeckt sie ein kleines blondes Mädchen, das gerade erst eingeschult worden ist. Sie selbst ist in der fünften Klasse, bei den Großen. Sie schleppt Jeannine mit, die ihr etwas widerwillig folgt (sie nutzt die Pause lieber, um die Jungen zu ärgern), sie will mit dem kleinen Mädchen sprechen, das Louisette heißt. Zuerst bittet sie sie um kleine Dinge – ihr ein Bonbon zu bringen, ihr ein Lied vorzusingen, was Louisette brav tut. Dann befiehlt sie ihr, in jeder Pause an einem bestimmten Platz im Pausenhof auf sie zu warten, verbietet ihr, mit den anderen Mädchen ihrer Klasse zu spielen, und verlangt von ihr, ohne Unterhose in die Schule zu kommen. Sie droht ihr mit einer schlimmen Folter, falls sie nicht gehorcht oder jemandem davon erzählt. Manchmal weint Louisette, das ist gut, ihr wird ganz warm dabei. Eines Tages ist es nicht Louisette, die am verabredeten Platz bei den Toiletten wartet, sondern Madame Tournier, die Lehrerin: »Wenn ihr nicht sofort und für immer damit aufhört, Louisette zu belästigen, die sich beschwert hat, werdet ihr von der Schule verwiesen«, sagt sie. »Ihr dürft nicht mehr mit ihr sprechen oder euch auch nur nähern. Verstanden?« Die Lehrerin hat ein hartes Gesicht, das bestimmt noch nie jemand an ihr gesehen hat, zumindest sie nicht, die so gut arbeitet. »Das heißt nicht, dass du dir alles erlauben darfst«, sagt die Lehrerin. »Du solltest dich schämen.« Sie muss gehorchen, aber das kleine blonde Mädchen mit dem Engelsgesicht geht ihr lange nicht mehr aus dem Kopf. Sie hat Lust, sie anzuketten. Sie möchte sie schlagen, weil sie sie verpetzt hat. Da sie am Ende des Jahres die Schule verlässt, um aufs Collège zu gehen, rechnet sie aus, wie viele Jahre es dauern wird, bis Louisette ebenfalls ins Collège kommt und sie weitermachen, sie bestrafen kann; doch bis es so weit ist, wird sie selbst das Collège verlassen haben, um aufs

Lycée zu gehen, das in einem anderen Teil der Stadt liegt. Eine Klasse zu wiederholen wird also die einzige Lösung sein, weit weg von Madame Tournier ihre Macht über Louisette wiederzuerlangen. Louisette zu verlieren kommt nicht infrage. Sie wird wiederholen, sie nimmt es sich fest vor.

In der Zwischenzeit liest sie mit Leidenschaft Comtesse de Ségur – als die Mutter zu Sophie sagt: »Du bist ein böses Mädchen«, hat sie das Gesicht von Madame Tournier. Sie betrachtet die Illustrationen im Buch, studiert die Szenen der Bestrafung, wie ihr, den Kopf nach unten gebeugt, die Röcke über das nackte Gesäß geschoben werden. Sie muss im Unterricht nie in die Ecke, aber diejenigen, die dort sind, lösen eine Art Neid in ihr aus. Abends vor dem Einschlafen spielt sie im Kopf noch einmal den Tag durch, als Annie nach einer Sechs im Diktat während des gesamten Unterrichts, sogar in der Pause, eine Eselsmütze auf dem Kopf tragen musste. Alle zeigten auf sie und lachten, und sie weinte, das Kinn an den Hals gepresst. Sie stellt sich gleich zu Beginn des Traums an den Platz der schlechten Schülerin, sie geht unter dem Gespött der Leute mit einem Papphut durch die Straße. Aber ihr Lieblingstraum ist der, den sie sich eines Nachts ausgedacht hat. Er findet während des Unterrichts statt. Da der Direktor der Jungenschule die krank gewordene Madame Tournier vertritt, ist die fünfte Klasse ausnahmsweise gemischt. Es steht Sachkunde auf dem Stundenplan. Normalerweise geht es um den Tau, den Dampf, die Nuss, das Ei (der Dotter, das Eiweiß, die Membran, die Luftkammer); letzte Woche haben sie die Milch durchgenommen: von der Kuh bis in die Molkerei. Das heutige Thema ist das Mädchen. Monsieur Brun schreibt mit Kreide und Großbuchstaben an die Tafel: DAS MÄDCHEN. Dann schweift sein Blick über die Klasse und bleibt bei ihr stehen: »Nach vorne«, sagt er zu ihr. Sie steht auf, geht die Reihe der Pulte entlang: »Zieh deinen Kittel aus.« Sie knöpft ihn auf, fixiert ihre Schuhe. »Schieb das Kleid hoch und lass die Unterhose runter.« Jungen lachen, Mädchen kichern. »Los, mach schon! Was für eine lahme Ente«, sagt der Lehrer und zieht ihre Unterhose bis zu den Socken herunter. Dann drückt er brutal auf ihren Rücken und biegt sie durch, sodass sie, Kleid über dem Kopf, Höschen auf den Knöcheln, mit dem Oberkörper auf seinem Pult liegt. Er zeigt auf die verschiedenen Körperteile, die zu sehen sind, und nennt ihre Namen, dann fordert er die Schüler auf, an ihr vorbeizudefilieren und sich die Pobacken und das Loch genau anzusehen, auf das er mit seinem Stab zeigt. Als sie unter ihrem Kleid wimmert, »aber willst du wohl still sein«, hebt er ihre Füße an, um ihr die Unterhose ganz auszuziehen, und stopft sie ihr in den Mund. Als sie so geknebelt ist, richtet er sie auf, dreht sie um und fährt mit dem Sachkundeunterricht fort, die Jungen machen eine zweite Runde, um auch die andere Seite zu sehen, »sie hat keine Titten«, sagt einer, »ja, aber dafür hat sie einen großen Arsch«, ein anderer, sie bewegt sich und stöhnt, »du bist ungehorsam«, bemerkt der Lehrer. »Und du willst die Klassenbeste sein, habe ich gehört?« Er bindet ihre Arme am Haken auf der linken Seite der Tafel fest, wo die Geografiekarten hängen, und schiebt ihr das Kleid komplett über das Gesicht, sie hat nur noch das Unterhemd an, das über den Bauchnabel geschoben ist, ihre Schultern reiben an der Frankreich-Karte, sie erstickt. Die Glocke läutet. »Raus mit euch!«, ruft der Lehrer. Er nimmt seine Trillerpfeife, steckt sie in die Tasche seines grauen Kittels und geht. Sie bleibt da, an den Armen aufgehängt, die Unterhose im Mund. In diesem Moment spürt sie in ihrem Bett in der Regel eine starke Welle durch ihre Schenkel und ihren Bauch fließen, und in der nächsten Sekunde wird sie ohnmächtig, das heißt, ist sie wie weggetreten. Es dauert nur einen Moment, aber es ist stark, und die Scham, die damit einhergeht, ist auch nicht schlecht. Sie hat dieses Lustgefühl entdeckt, als sie einmal an der Narbe unter dem Gummizug ihrer Unterhose kratzte, die der Furunkel hinterlassen hat. Die Schenkel zusammenpressen, dann loslassen, da hat sie einen Wahnsinnsfund gemacht! Und es funktioniert immer, sie muss nur das Bild herholen, unbeweglich, den Mund mit der Unterhose geknebelt, die Parade der Neugierigen, es gibt jedes Mal den Moment, in dem es aufsteigt, es kommt, es explodiert – meistens reicht das Wort »Unterhose«. Manchmal hat sie starke Kopfschmerzen, sie fragt sich, ob sie daran sterben wird, aber sie sieht, dass es nicht der Fall ist, und so beginnt sie am nächsten Abend wieder von vorne, oder schon tagsüber, wenn sie allein ist.

Da sie das Zimmer mit Claude teilt und sie oft vor dem Einschlafen, wenn das Licht aus ist, miteinander quatschen, versucht sie, ihrer älteren Schwester, jetzt, wo sie wieder laufen kann, den Trick mit der Sachkunde zu erklären: Sie hat etwas Außergewöhnliches entdeckt, eine Art Ali-Baba-Höhle, eine Aladin-Lampe, an der man nur reiben muss, einfach genial, und sie denkt, dass Claude sie danach nicht mehr wie ein Baby behandeln wird. Bevor sie das Sesam-öffne-dich verrät, nimmt sie Claude das Versprechen ab, niemandem davon zu erzählen, vor allem nicht den Eltern. Claude verspricht es. Aber sie ist von der Entdeckung nicht überzeugt. »Bei mir passiert überhaupt nichts«, sagt sie. »Wirklich? Probier noch mal. Reib.« – »Nein. Es nervt. Du redest Unsinn. Und überhaupt, was hat das denn mit der Sachkunde zu tun? Hältst du dich für ein Ei?« Sie lachen im Dunkeln. »Das Prinzip ist, dass du die Sache bist, und den Spaß, den hast auch du. Schaffst du es?« – »Nein, ein Ei hat keinen Spaß, Grok. Los, gute Nacht, Dickmops.« Sie besteht nicht weiter darauf. Ist es also ein persönliches Geheimnis, eine Gabe, die nur sie besitzt? Eine Art Rückkehr zum Traum vom Zimmer, das sich immer wieder von Neuem füllt, nur auf eine ganz andere Art: Die Bonbons und Lackschuhe sind nichts gegen dieses intensive Gefühl, das sich jeden Tag nach Belieben erneuert. Sollte sie also tatsächlich ein einzigartiges Mädchen sein?

Das scheinen auch die beiden Frauen sagen zu wollen, die eines Tages kurz vor dem Abendessen aufkreuzen. Sie sind Psychologinnen und führen eine Studie im Zusammenhang mit den Ergebnissen eines Tests durch, der zwei Monate zuvor im Schulkomplex Jeanne-d'Arc stattgefunden hat. Sie bitten ganz ungeniert, die Wohnung besichtigen zu dürfen, inspizieren »das Mädchenzimmer« – »Laurence hat also kein eigenes Zimmer?« Die Jüngere der beiden macht in einem Spiralheft Notizen. »Sind das die Bücher von Laurence dort auf dem Regal? Liest sie viel? Hat sie Krankheiten gehabt? Irgendwelche familiären Ereignisse zu vermelden? (*Nein, nichts.*) Darf ich Ihren Beruf erfahren, Monsieur? Und Sie, Madame, Sie arbeiten nicht, nehme ich an, Sie kümmern sich um Ihre Töchter? Ich muss Sie jetzt bitten, sie hinauszuschicken, wir sollten uns allein unterhalten.« – »Was hat Grok getan?«, fragt Claude aufgeregt, »hat sie etwas angestellt?« Doch sie werden in den Flur hinausgeschoben, die Wohnzimmertür schließt sich vor ihrer Neugier. Zum Glück hört man alles durch die Wand hindurch. Sie hat Angst. Sind die Frauen von der Polizei? (Sie hat bei der Geometrieprüfung gemogelt, sie hat nichts verstanden auf dem Formular, aber es gab schlecht ausradierte Antworten, die hat sie kopiert). Eine der Frauen spricht von einer Kuh – ihr Herz klopft, sprechen die von der Sachkunde, können Psychologen in ihren Kopf reinsehen, ihre geheimen Träume erraten? Aber nein: Die Dame erklärt es den Eltern, *I-Q* heißt das, Intelligenzquotient. Ihrer ist hoch. Große sprachliche Fähigkeiten. Im räumlichen Denken nicht ganz so große, aber es geht, es ist der höchste der ganzen Grundschule in diesem Schulkomplex, die den Test in Rouen gemacht hat. »Auch von den Jungen?«, wundert sich die Stimme des Vaters. »Ja. Alle Schüler haben denselben Test gemacht.« – »Ach so. So, so …« – »Laurence hat auf dem Informationsblatt angegeben, sie möchte später

Empfangsdame werden. Das ist etwas überraschend. Wissen Sie, warum?« – »Oh, bestimmt, weil sie auf dem Autosalon in Paris welche gesehen hat, wir sind hingegangen, ich bin ein Autoliebhaber. Sie muss ihre Uniformen, ihr Make-up gemocht haben, man muss sagen, sie waren sehr hübsch.« – »Das ist normal für ein kleines Mädchen. Aber sie kann auf mehr hoffen, sehen Sie. Auf einen besseren Beruf.« – »Ja, natürlich. Ich sage ihnen stets, sie sollen gut arbeiten. Aber wenn ich Ihre Ergebnisse richtig verstehe, so wird sie nicht meine Praxis übernehmen?« – »Mädchen sind in der Tat eher musisch begabt. Doch wie Sie wissen, gibt es immer mehr weibliche Ärzte.« – »Ja. Aber Empfangsdame, auf einem Flughafen zum Beispiel, das wäre sehr gut für Laurence. Die Sprachen, damit kann ein Mädchen ein schönes Diplom bekommen, Russisch, Chinesisch, das ist heutzutage sehr gefragt.« – »Und wie alt ist Ihre Ältere, dreizehn? Arbeitet sie genauso gut wie ihre Schwester? Verstehen sie sich gut?« – »Oh, nein, Claude ist ein Faulpelz, sie macht nur das strikte Minimum, was die Schule betrifft, ist sie recht phlegmatisch. Und sonst, Sie wissen ja, wie Mädchen sind, sie streiten sich ständig, ziehen einander an den Haaren und so weiter. Sie können ziemlich dämlich sein, wenn's sein muss. Da muss man manchmal seine ganze Psychologie einsetzen …«

Claude rennt ins Zimmer, sie muss das Wort »Faulpelz« verdauen. Bei ihr ist es das Wort »dämlich«, das sie erst hinter der Wohnzimmertür festnagelt und dann in die Toilette katapultiert. Warum seine eigenen Töchter beschimpfen, vor Unbekannten auch noch? Denn dass es eine Beleidigung ist, das ist klar. Aber die beiden Frauen sagen nichts. Sie bedanken sich für die ihnen gewährte Zeit und gehen. »Auf Wiedersehen, die Fräuleins!«, rufen sie durch den Flur.

Ihre Mutter hat die ganze Zeit kein Wort gesagt. Dieser hohe IQ, wo der wohl herkommt? Von Matthieu bestimmt, auch wenn man es ihm nicht ansieht. Er ist immerhin Arzt ... Sie selbst hat eine Haushaltsschule gemacht. Bis jetzt hatte sie nicht das Recht, ohne Erlaubnis ihres Mannes einen Beruf auszuüben. Das Gesetz wurde gerade geändert, sie würde gerne eigenes Geld verdienen, nicht jeden Monat Matthieu darum bitten oder eher betteln müssen. Sie geht ihm oft in der Praxis helfen, wenn er Bereitschaftsdienst hat, sie kennt sämtliche Krankheiten und Behandlungen der Patienten. Aber seinem Mann zu helfen, das zählt nicht, das ist keine wirkliche Arbeit, erst recht ohne Diplom. Kurz, es ist komisch, dieser IQ von Lolo. Ob er vielleicht von ihrem Vater kommt? Im Wort Ingenieur steckt Genie.

Dämlich. Das Wort fällt ihr immer wieder ein und verfolgt sie. Alles, was weiblich ist, enttäuscht, erniedrigt, das weiß sie inzwischen. Das Adjektiv von Dame ist eine Beleidigung, während das für Herren, »herrlich«, ein Kompliment ist. So wie das Wort Weib, das ursprünglich nur eine Frau meinte. Junge, Mann, das ist eine Feststellung. Weib, Weibsbild, das ist eine Verurteilung. Aber das Wort ist machtvoll. Sie findet es bald in der Bibliothek wieder, wo sie jeden Tag Stunden verbringt, wann immer sie kann. »Heliogabal spannte gelegentlich zwei Hirsche an seinen Wagen, ein andermal vier Hunde, und wiederum vier nackte Weiber, und ließ sich von ihnen ziehen«, liest sie zufällig in einem Buch von Montaigne. Dieser Satz geht in ihre Privatsammlung der heftigsten Liebkosungen ein. Sie hat eine Art Hitparade, wie für die Chansons. Das ist ein guter Satz, er ist stärker als der von der Comtesse de Ségur, sie sieht das Bild mit dem Wort, das prickelt, sie sieht das Mädchen an den Leinen, das sich auf allen vieren vorwärts bewegt, sie sieht das Tier, das gepeitscht wird und losgeht, sie sieht sich selbst. Wenn man ein Weib ist, hat man Wollust. »Wollust: sinnliche Begierde erfahren.« Davon hat sie in einem Roman mit dem Titel eines Mädchennamens gelesen, *Justine*, oder *Juliette*. Sie leiht sich in der Bibliothek alle Arten von Büchern aus, sodass sich eine hybride Welt aufbaut, die im Wesentlichen darin besteht, dass Ärzte in weißen Kitteln Krankenschwestern heiraten, Waisenmädchen nach viel Ungemach schließlich ihr Glück finden, junge Mädchen namens Alice oder Fantômette Rätsel lösen und Königinnen wahnsinnig beliebt sind. Mit den geheimen Sätzen, die sie nach dem Zufallsprinzip in den Regalen findet, ist es genau umgekehrt, wie Tag und Nacht; und doch existieren beide Welten nebeneinander, parallel, aber genauso real. Sie glaubt an beide. Sie ist ein Ding, ein Tier, Herzdame, Prinzessin, Idol, Sklave. Sie wird gedemütigt und verehrt, ist verachtenswert und Klassenbeste. In den Büchern wird ihr ganzes Leben erzählt. Sie ist elf Jahre alt.

6

Sie ist elf Jahre alt, Claude vierzehn, und erhält mit der Post, die ihr Vater abfängt, Briefe von Jungen, die über ihre Brüste sprechen und sich mit ihr in der Umkleidekabine der Eissporthalle verabreden wollen; es ist höchste Zeit, dass ein verantwortungsvoller Vater seinen Töchtern das Leben erklärt. Als Erstes müssen sie wissen, was Geschlechtsverkehr ist. Er macht eine Zeichnung auf ein Blatt Papier, die aussieht wie das Schema eines Spülbeckens. Zum Geschlechtsverkehr braucht es einen Jungen und ein Mädchen. Wir sagen auch: Koitus, oder koitieren – vom lateinischen coire, »gehen mit« (nein, dieses Latein steht nicht in *Asterix*). Das Allerwichtigste, das sie sich merken müssen, man geht nicht mit einem Jungen. Mädchen gehen nicht mit Jungen, so ist das. Punkt. (Ach so? Warum heißt es dann so?) Jedenfalls jetzt nicht. (Wann dann?) Wenn sie erwachsen sind, wenn sie einen Ehemann haben, dann ist es etwas anderes. Sie werden das Recht haben. Und sogar die Pflicht. Er sieht die Mutter an, die den Tisch abräumt, es ist nicht sicher, dass sie zuhört, aber sie weiß ja schon Bescheid. Vorläufig müssen sie vor den Jungen weglaufen, die mit ihnen gehen wollen, Jungen haben nur das Eine im Kopf, aber sie, die Mädchen, müssen sich widersetzen, am besten ist es, sie einfach zu ignorieren, ihnen nicht zu antworten, wenn sie einen ansprechen oder Briefe schreiben, sie gar nicht anzusehen. Auf keinen Fall dürfcn sic allcin sein mit einem Jungen, verstanden? »Heizt man eine Kastanie an, platzt sie irgendwann«, schließt er. Das Bild ist etwas merkwürdig, es meint im Grunde: Seid auf der Hut, ein Koitus ist schnell passiert. »Aber warum wollen sie denn so dringend kowitieren, die Jungen?« – »Weil sie daran Spaß haben«, rückt der Vater widerwillig heraus. »Und die Mädchen nicht?« Claude ist überrascht und blickt aus den Augenwinkeln auf die Unschulds-Grok, die auf ihre Schuhspitzen starrt – sollen wir uns ein bisschen über Sachkunde unterhalten? »Mädchen sind anders«, sagt der Vater (das haben wir gemerkt). »Beim ersten Mal ist es nicht sehr angenehm für sie. Das Koitieren besteht nämlich aus dem Eindringen des Penis des Jungen, auch Glied genannt (Schwanz, Stängel, Schwengel, übersetzt Claude, die schon viele Briefe erhalten hat, Rute, Bolzen, Stachel, übersetzt Lolo, die schon viel Sade gelesen hat), in das Loch des Mädchens, genannt Vagina (Scheide, Möse, Venus-Tempel, Altar der Natur). Nun, am Eingang der Vagina hat das Mädchen eine Membran, das Hymen, was auch ›Hochzeit‹ bedeutet (aber sonst geht's gut?!), und wenn der erigierte Penis eindringt, zerreißt er das Hymen und es blutet. Aber nur einmal«, beruhigt der Vater. »Das ist die Jungfräulichkeit. Die Mädchen sind Jungfrauen. Alle, am Anfang.« Das beste Beispiel ist Jeanne d'Arc – wir leben in Rouen, vergessen wir das nicht. »Die Jungfrau von Orleans wurde doch hier verbrannt, Jungfrau, das bedeutet Reinheit.« – »Ist das das Gegenteil von Nutte?« – »Sei still, wenn ich spreche. Und benutz keine Schimpfwörter. Das erste Mal wird Defloration genannt. Das geschieht in der Hochzeitsnacht.« – »Tut es weh?« – »Nein, nicht besonders«, sagt der Vater (er weiß alles, der Vater). »Und wozu ist sie gut, diese Deformation mit dem emigrierten Penis?«, ihr schwirrt der Kopf von all diesen fremden Wörtern. Der Vater lacht. »Es ist ein bisschen so, als würde der Ehemann in der ersten Nacht den Deckel abnehmen, damit er sicher ist, dass er der Erste ist, denn er will der Erste sein.«

Sie zieht eine Grimasse. Sie ist also wie eine dieser Bierflaschen, die ihr Vater immer im Wohnzimmer herumstehen ließ, bevor er sein Geschwür bekommen hat? »Und woher weiß man beim Ehemann, dass man selbst die Erste ist?« – »Bei ihm spielt das keine Rolle. Im Gegenteil.« Was beim Mädchen die Jungfräulichkeit, ist beim Jungen die Erfahrung. Bei einem Paar verhält sich das umgekehrt proportional: Sie ist unwissend, er wissend, das ist das Prinzip. Und je weniger ein Mädchen weiß, desto mehr wird es respektiert (außer bei Justine, aber der Vater kann ja nicht alle Mädchen kennen). In der Hochzeitsnacht muss der Ehemann wissen, was zu tun ist, das ist normal, die Frau muss einfach machen lassen. In der Ehe ist es also gar nicht so viel anders als im Sachkundeunterricht. Noch Fragen? Nein, nein.

Die Antworten stehen im Leitfaden zur Sexualität, den Claude unter einem falschen Namen bestellen wird, und einige der vom Vater verwendeten unbekannten

Wörter werden bald zum Gegenstand eines gründlichen Studiums – Orgasmus, Klitoris, Masturbation (ah, da siehst du doch, dass es existiert!).

Diese Jungfräulichkeit ist eine richtige Marotte ihres Vaters, wie sich bald herausstellen wird. Der Grund ist nicht so sehr die Sache mit der Reinheit, er ist Protestant, und die Protestanten haben nicht so viel mit der Jungfrau am Hut, so jedenfalls hat sie es verstanden in den ersten Jahren des Katechismusunterrichts. Nein, was ihm keine Ruhe lässt, ist, dass es passieren könnte, dass sie geschwängert werden (schon allein dieses Wort!). Dass sie einen Braten in der Röhre haben oder ein Kotelett im Büfett, dass sie sich den Ball aufpumpen, den Globus runden, die Vorderfront ausbauen lassen, dass sie angeblasen, aufgepumpt, geschwollen oder von einem rostigen Nagel gestochen werden, dass der Löffel in der Tasse bleibt, dass sie am Stift lutschen, das Paket bekommen, den Knochen verschlucken. Mädchen sind eine Last für einen Vater. Er weiß nicht so recht, wie er es angehen soll. Argumentieren oder appellieren, was wird funktionieren? Claude vor allem macht ihm Sorgen: Sie hat ihre Regel und einen Büstenhalter, sie schreit auf, wenn er ohne Vorwarnung das Badezimmer betritt. Lolo, gut, die ist noch ein kleines Mädchen. Ach ja, etwas hat er noch vergessen: Die Regel ist der Beweis, dass man nicht schwanger ist. Denn die Mädchen sind dem Mond unterworfen. Ihr Zyklus folgt dem seinen, achtundzwanzig, dreißig Tage, darum sind sie auch so launenhaft, denn »Laune«, das kommt von *luna*, »Mond«, sie sind nicht wirklich frei, sie sind stark von der Natur abhängig. Claude grinst, sie aber verzieht das Gesicht: Sagt ihr Vater nicht oft zu ihr, »blöd wie der Mond«. Es ist kein Geschenk, vom Mond abzuhängen. »Und die Jungen sind wie die Sonne?« *(Die Sonne, die sie zum Glänzen bringt, die glänzenden, brillanten Jungen.)* »Nein, die Jungen sind nicht von der Natur abhängig, sie meistern, zähmen sie. Wenn sie bluten, dann im Krieg, wenn sie kämpfen.« *(Na ja, gut, aber sie bluten auch aus der Nase und man sollte mal hören, wie sie jammern, wenn sie ein Wehwehchen am Knie haben.)* »Mädchen müssen den Begriff des Zyklus, der Regel akzeptieren, geregelt sein. So ist die Natur, Punkt, Schluss. Das bedeutet in erster Linie: nicht verspätet zu sein.« Verspätung = Schwangerschaft = geplatzte Kastanie = Nutte. Sie schaut nervös auf die Küchenuhr, nicht wissend, dass dieser Satz für ihre Schwester und sie bald zum Mantra werden wird: Ich bin verspätet, ich habe Verspätung, wie spät bist du dran? »Im Grunde«, fährt der Vater fort, »ist es nicht schwer. Fassen wir zusammen: Man muss nur brav sein und tun, was der Vater sagt. Mädchen bekommen die Regel und befolgen die Regel, ganz einfach.«

Nachts erweitert sich das Szenario. Neue Lektion in Sachkunde: die Kastanie. Die Szene bedeckt sich mit Blut, Messer tauchen auf und drohen, den Deckel abzuschneiden, die Kastanie aufzuschlitzen. Sie blutet wie eine Sau, ist in La Chaux an die Leiter gebunden, an der sie jeden Sommer das Schwein hängen sieht, dessen Blut in einer Schüssel aufgefangen wird, um daraus

Blutwurst zu machen. Sie liegt auf dem Bauch, Füße und Fäuste mit einem dicken, kratzenden Seil an die Sprossen gebunden, unfähig, sich zu wehren gegen die Finger, die Insekten, die in sie eindringen, und gegen das Lachen, das sie demütigt. Sie leidet, und man macht sich lustig über sie – »Na, spielst du die beleidigte Blutwurst?« Tagsüber wird sie von Fragen bedrängt, auf die sie keine Antworten findet. Ein Junge und ein Mädchen, wenn sie dürfen (wenn sie verheiratet sind), dann gehen sie miteinander, sie kollidieren. So weit, so gut. Und die Liebe bei alldem? Man sagt doch auch »Liebe machen«, aber warum bloß? Was hat das mit den Erklärungen des Vaters zu tun? Wo hat das »Ich liebe dich« Platz in dieser Klempnerei-Gebrauchsanleitung? Ficken, bumsen, vögeln, einen losfeuern, okay. Aber wann sagt man sich ja, ja, ich will dich heiraten, ja, ich liebe dich, ja, ich will, ja? Die Verliebten, wie kowitieren sie? Inzwischen weiß sie, was »Liebe machen« genannt wird, aber sie weiß nicht, was Liebe ist, weiß nicht, wie man weiß, dass es Liebe ist, wenn es Liebe ist.

Es gibt natürlich die Romane. Der Marquis de Sade bringt sie nicht sehr viel weiter. Die Annie in *Fünf Freunde* ist ein wenig in ihren Cousin François verliebt, aber das macht sie auch nicht schlauer. Sie greift sich in der Bibliothek Guy des Cars aus dem Regal, *Die Freudenmädchen*. Sie hat den Roman gewählt, weil der geheimnisvolle Titel die Mädchen mit der Freude in Verbindung bringt, und das ist doch schon was, doch im Laufe der Lektüre stellt sie fest, dass die Geschichte ganz im Gegenteil traurig ist. Es gibt nirgendwo Freude für die Mädchen in den Büchern, außer in denen der Kinderabteilung, wo sie nicht mehr hingeht, und in den Groschenromanen, die sie eifrig aufsaugt, ohne etwas Erhellendes zu finden: Sie ist nicht arm, und es ist weit und breit kein Millionär in Sicht, die Voraussetzungen für die Liebe scheinen also nicht gegeben zu sein.

Sie kommt in die sechste Klasse. Das Collège ist seit Kurzem gemischt – zur Zeit ihrer Mutter war es eine reine Mädchenschule, das Schild über dem Eingang weist immer noch darauf hin. Die Jungen sind in der Minderheit, aber das fällt nicht auf. Sie spielen sich im Pausenhof auf, schreien, ziehen die Mädchen an den Zöpfen und arbeiten weniger gut, was sie jedoch nicht hindert, den Finger zu strecken und die falsche Antwort zu geben. Sie sind ein bisschen lächerlich mit ihren Bermudas über den dünnen Waden und ihrem Grinsen, aber das wissen sie nicht. Sie bekommen den Stimmbruch, es entgleiten ihnen schrille Töne – so ganz scheinen sie die Natur auch nicht im Griff zu haben, könnte man meinen.

Am Sonntag geht sie auf die Eislaufbahn, sie hat keine Brüste, sie möchte Brüste wie ihre Barbie-Puppe, aber sie sieht schwarz, sie steckt Watte in ihren von Claude geliehenen BH. Sie hat zwar nicht die Brüste, dafür aber die Haare der Barbie, lang und blond, die dazu dienen, den fehlenden Busen zu verstecken, und sie weigert sich, sie auch nur einen Zentimeter kürzen zu lassen. Wenn die Jungen sie einladen, mit ihr auf dem Eisfeld Runden zu drehen, sprechen sie vor allem über ihre Schwester. Im großen Ganzen sind sie nicht die hellsten Kerzen auf der Torte, aber manche von ihnen haben ein Mofa, mit dem man aus Rouen hinausfahren kann. Wenn sie sich weigert, am Eingang der Eisfläche ihre Hand zu nehmen, kommt es vor, dass sic ihr, während sie auf eine andere zugleiten, zurufen: »Du bist sowieso hässlich!« (es ist ihr egal, sie weiß, dass es nicht stimmt), oder, wenn sie ihren Namen kennen, sogar: »Barraqué, das Bügelbrett!« (das hingegen trifft ins Schwarze, aber sie lächelt voller Verachtung). Sie interessiert sich vor allem für die Jungen, die sich für ihre Schwester interessieren, sei es, um ihnen vor ihr eins auszuwischen oder um ihr vor ihnen eins auszuwischen. Claude nennt sie nicht mehr Grok, sondern Fräulein Rühr-mich-nicht-an. Dabei ist sie selbst die Scheinheilige, die ihre Konfirmation in der Kirche mit dem ganzen Trara gefeiert hat, nur, um sich ein Moped schenken zu lassen, und während der Einkehr mit Louis, dem schönsten Konfirmanden, beinahe die Marone hat platzen lassen – das steht im Tagebuch, das sie zusammen mit dem *Sexualleitfaden* unter der Matratze versteckt. Am großen Tag kommt die ganze protestantische Familie aus der Ardèche anmarschiert mit Gebeten und Geschenken für Claude, die im weißen Kleid auf Jungfrau macht. Während des Festessens in einem großen Restaurant von Rouen spricht ihr Vater vor den Onkeln und Tanten, die sie kaum kennen, mehrmals von »meinen Töchtern«, und wirkt eigentlich ganz zufrieden dabei, fällt ihr auf, und auch, dass er viel Champagner trinkt. »Zwei Nonnen suchen auf der Place de la Madeleine unter einem Dach Schutz vor dem Regen. Neben ihnen lehnt sich ein junges, stark geschminktes Mädchen in Minirock und Netzstrümpfen an die Wand. Die Nonnen betrachten sie, zögern, dann wagt sich eine der beiden vor: ›Verzeihen Sie, Madame, äh, ich würde gern wissen: Wie viel verlangen Sie, äh, für Ihre Arbeit?‹ Die Nutte antwortet: ›Für einmal? Ohne Extras? Ach, das macht zweihundert Francs.‹ Da dreht sich die Nonne zur anderen und sagt: ›Ich habe es Ihnen ja gesagt, Schwester, dass uns der Herr Pfarrer übers Ohr gehauen hat mit seiner Tafel Schokolade.‹« Auch wenn der Witz auf Kosten der Katholiken geht, finden ihn die Hugenotten gar nicht witzig: »Matthieu, hör auf, nicht vor den Mädchen.« – »Kennt ihr den Unterschied zwischen einer Frau und einem Schwimmbad? Nein? Du auch nicht, Onkel Léon? Na, es gibt keinen, beides ist viel zu teuer für die Zeit, die man darin verbringt!« – »Matthieu, die Mädchen!!!« Die Ketzer schütten sich aus vor Lachen. Sie selbst versteht nicht recht, was im Kopf ihres Vaters vor sich geht, der sie mal wie Klosterschülerinnen, mal wie Regimentskumpel behandelt. Das ist bestimmt, weil er es noch nicht ganz aufgegeben hat, Jungen zu haben, obwohl er zugibt, dass er Mädchen hat … »Ach, sie müssen doch Bescheid wissen über das Leben«, antwortet er und schenkt sich nach.

Das Leben.

Das also ist das Leben.

Witze. Gelächter.

Aber die Liebe?

Sie weiß es noch immer nicht. Das Geheimnis wird noch größer. Eines Tages fragt sie Uromi, wie das ist, verliebt zu sein, woran man es merkt, aber Uromi ist nicht die Richtige dafür: Sie hat Oma ohne Ehemann bekommen, ganz jung, als ledige Mutter – das ist wie eine Marone, die beim Platzen verkohlt ist und die niemand mehr essen will. Uromi war erst Schneiderin, bevor sie ihre Parfümerie eröffnet hat, und die einzigen zwei Dinge, die sie ihrer Urenkelin erklären kann, sind erstens, dass man das Bestreben haben muss, stets präsentabel zu sein – nicht schickimicki, nein, nur präsentabel –, »ein gebügelter Rock, saubere Unterhose und Socken, so bist du, sollte ein Unglück passieren, präsentabel.« Präsentabel heißt also kurz gesagt, dass du jedem präsentiert werden kannst, ohne rot zu werden, selbst dem Tod. Und zweitens, dass man, was mit dem ersten Punkt zusammenhängt, vor dem Alter von fünfundzwanzig Jahren unter der Haube sein muss. »Sonst kriegst du keinen mehr ab, es ist aus, du bist ein altes Mädchen.« – »Mädchen?« – »Ja, eine alte Jungfer. Ledig, wenn dir das lieber ist. Früher machten sich die Schneiderinnen jedes Jahr am fünfundzwanzigsten November einen gelbgrünen Hut und beteten zur Heiligen Katharina, Schutzpatronin der Jungfrauen und Märtyrerin, ihnen ganz schnell einen Mann zu geben. Aber so hübsch, wie du bist«, fügt Uromi hinzu, »wirst du mal keine Probleme haben.«

Präsentabel, gut. Ein Ehemann, einverstanden. Vor fünfundzwanzig, notiert. Aber die Liebe? Einen Geliebten?

Die Mutter müsste man fragen. Sie steht die ganze Zeit am Fenster, betrachtet sich mit dem neuen Kleid im

Spiegel, lernt Italienisch, »die Sprache der Liebe«, sagt sie, stürzt ans Telefon, wenn es klingelt, und manchmal weint sie. Sie muss es wissen.

Sie wusste es jedenfalls. Sie hatte es gewusst. Vielleicht ist es jetzt ein bisschen zu spät, um zu fragen. Da sie es satthatte, Matthieu jeden Monat um Geld anzubetteln, hat sie eine Arbeit in einer Import-Export-Firma angenommen und ist mit André nach Capri in die Ferien gefahren, doch der hat gerade von seiner Frau ein drittes Kind bekommen, einen kleinen Jules, und lässt sich nicht mehr capern. Sie kauft Bücher, über die im Radio gesprochen wird, *Die Frau in der modernen Gesellschaft*, von Évelyne Sullerot, Romane von Benoîte Groult und Françoise Sagan. Sie beschafft sich auch *Offener Brief an eine Frau von heute*, weil der Autor André heißt und sie das Valium absetzen möchte. »Die Frau des zwanzigsten Jahrhunderts ist in ihrer geistigen Integrität bedroht. Sie weiß, dass sie nicht mehr die Frau von gestern ist, deren Universum sich auf Kinder, Küche und Kirche beschränkte; aber sie weiß nicht, wie die Frau von morgen ist«, heißt es auf dem Cover. Sie schluckt immer noch Tabletten auf -um zum Schlafen, auf -en, um sich zu entspannen, auf -il, um weniger Schmerz zu empfinden, sie bittet ihren Mann, ihr das Rezept auszustellen. Wenn er es vergisst, schreit sie fürchterlich, lehnt sich über das Balkongeländer, niemand liebt sie, sie will nicht mehr leben. »Mama, Mama«, rufen die Mädchen, »komm rein, Mama, mach das Fenster zu!« »Was ist los?«, fragt der Vater. »Sind die Engländer gelandet?«

In der siebten Klasse entdeckt sie Racine und Corneille, welche die Ahnung bestätigen, die von der Mutter herrührt: Liebe, das ist, wenn man sterben will. Das ist nicht gerade fröhlich, aber im Theater gibt es etwas, was einen daran hindert, zur Tat zu schreiten: Es ist der Vers, es ist der Reim, es ist die Freude an der Wiederkehr, an dem, was wiederkommt, was irgendwann immer wiederkommt – der Ton, das Wort, die Hoffnung. »Ich liebte, mein Herr, ich liebte. Ich strebte danach, geliebt zu werden.« Sie entdeckt die Sonette von Louise Labé, »Ich lebe, ich sterbe; ich verbrenne und ertrinke.« Sie deklamiert mit lauter Stimme, zehn Mal, zwanzig Mal, sie lässt sich durchdringen von den Worten der Liebe. Sie lernt die Metrik, die Regeln, die Figuren. Auch die Regeln sind schön, die Regelmäßigkeit, die Dinge, die wiederkehren, das ist poetisch; die Mädchen, die den Mond imitieren, es ist wundervoll. Sie weint über den Liedern und Gedichten, sie schreibt selbst ein paar. Wenn sie zu Jeannine geht, liest sie das Jugendmagazin *Salut les copains*, das ihre Freundin abonniert hat. Jeannine schneidet Fotos von Cloclo, dem Schlagersänger Claude François, und von Joe Dassin aus, klebt sie in ein Heft neben die Texte. Einmal hat sie sich von Jeannine eine Single von Johnny Halliday ausgeliehen und sie zu Hause im Wohnzimmer auf dem Plattenspieler liegen gelassen. Als ihr Vater sie fand, hätte er sie beinahe zerbrochen, er sagte, die Worte seien obszön. Obszön (Adj.): »Was auf unanständige Weise sexuelle Bilder oder Handlungen darstellt.« Sie wundert sich, sie fragt sich, ob Johnny Hallyday vielleicht obszöner ist als Sade. Auf Jeannines Teppaz-Plattenspieler hören sie vor allem

Sylvie Vartan, »wie ein Junge trag ich lange Haare, wie ein Junge trag ich eine Jacke, wie ein Junge ein Medaillon, einen breiten Gürtel wie ein Junge«, im Magazin gibt es ein Foto, wo sie rittlings auf einem schweren Motorrad sitzt, die Hände in die Hüften stemmt, »doch bin ich nur ein Mädchen«, und der Refrain fährt fort: »Mach, was du willst mit mir, es ist am besten so, voilà, lalala …« Toll wäre, den Schönheitswettbewerb des Mädchenmagazins *Mademoiselle Age tendre* zu gewinnen. Der erste Preis ist eine Einladung auf das Anwesen von Cloclo! Er singt *Douce, ma Candy, Candy,* »dein Mund ist voll Zucker, er macht deine Küsse so süß, oh ja, zuckersüß ist deine Haut, oh ja, zuckersüß ist dein Mund«, und sie singen im Chor mit, stopfen sich Haribo-Erdbeeren in den Mund, die ihn rot und zuckrig machen, wie es sein muss – aber nein, seit einigen Wochen isst Jeannine keine Bonbons mehr, das macht dick, und wenn sie das nächste Cover-Girl werden will, muss sie da und dort etwas loswerden, und hier auch, eigentlich überall, »ich muss abnehmen«, wiederholt sie, »ich muss unbedingt Gewicht verlieren«. Als sie Jeannine mit der Packung Zuckererdbeeren verlässt, hämmert in ihrem Kopf wie ein Metronom der Refrain von Sylvie Vartan, »… doch bin ich nur ein Mädchen, lalala«. Sie trällert ihn noch abends im Bett. Irgendetwas bedrückt sie, aber was nur?

Apropos Metronom, sie ist mit den Klempnerangelegenheiten im Verzug. Sie ist noch nicht »ausgebildet«, wie der Arzt sagt. In was ausgebildet? In der Schule lügt sie,

sie übernimmt Sätze ihrer Mutter und von Claude, sie sagt ihren Freundinnen oder dem Sportlehrer mit Leidensmiene: »Ich bin unpässlich«, oder »Ich habe Bauchschmerzen«. Manchmal regt sich der Lehrer auf, »Na und?«, sagt er zu Claude, die ein Entschuldigungsschreiben mitgebracht hat, »das hat noch niemanden am Hochsprung gehindert«. »Was weiß denn der Affenarsch schon?«, brummt ihre Mutter, die, seit sie arbeitet, viel mehr Schimpfwörter und lustige Sachen sagt. Selbst zu Jeannine, die sich jeden Monat vor Schmerzen windet, sagt der Lehrer, sie spiele nur Theater, und schreibt ihr ins Schulzeugnis: »Unentschuldigte Absenzen«. Jeannine hat gelesen, dass man, wenn man nicht isst, keine Regel mehr hat, also steckt sie sich nach der Kantine auf der Toilette zwei Finger in den Mund und erbricht alles, aber das ändert nichts, außer dass es gut ist für ihre Linie. Bei ihr ist es genau umgekehrt, sie isst, um sie endlich zu bekommen. Die Schmerzen ihrer Freundin machen ihr nicht gerade Lust darauf, aber sie hat es satt, von Claude als Baby beschimpft zu werden. Als sie klein war, hat sie gesehen, wie ihre Mutter über dem Bidet Blutgerinnsel wegspülte und sich dicke, unbequeme Tücher zwischen die Beine schob, und ihre Schwester später längliche, in ein Netz gewickelte Wattepakete. Das Blut fließt rot, wie das am Knie, wenn sie mit dem Fahrrad stürzt, ist aber dicklicher und wird an der frischen Luft braun. Es riecht nach Fleischerei oder verblühter Blume, je nach Zeitpunkt, sodass einem übel wird. Es dauert fünf Tage und geht jeden Monat wieder von vorne los. Stell dir vor, du fällst jeden Monat vom

Fahrrad. Die vielen Verbände! Ihre Mutter bringt sie aus der Apotheke mit, das ist nicht billig. Ein teurer Spaß für Papa, eine Frau und zwei Mädchen zu haben. Vermutlich hat er ein Auge auf die Packungen, vor allem auf die von Claude, sie hat schon gesehen, wie er sie nachzählte, er kontrolliert, wie schnell sie weggehen. Mama kauft auch kleinere Päckchen – *Tampons* –, aber die Mädchen dürfen keine verwenden, das könnte das Jungfernhäutchen zerreißen, ohne dass man es merkt. Und dann, die Schande in der Hochzeitsnacht! Sie sagt sich, wenn der Onkel die Kastanie zum Platzen gebracht hätte, hätte man es ihrem Vater erzählt, er hätte das obszön gefunden und es hätte Ärger gegeben. Aber uff, sie hat noch immer ihren Deckel drauf, auch wenn die Regel da hindurchkommt – sie versteht nicht so recht, wie das möglich ist, es scheint nicht hermetisch zu sein, aber die Natur wird schon wissen, was sie tut.

Die Regel, das ist wie mit Pullermann und Mimi, es gibt viele Wörter für genau dasselbe, das ist witzig. Wenn die Eltern sich streiten zum Beispiel, fragt ihr Vater jedes Mal früher oder später, ob die Engländer gelandet sind – vielleicht weil die Franzosen die Engländer auch als Roastbeef bezeichnen. Oder er sagt, »Die pisst Blut«. »Die hat Blut gepisst«, hat er über eine Frau gesagt, die als Notfall in seine Praxis kam. Das Blut kommt da raus, wo man pinkelt, stellt sie fest, aber nicht von Geburt an: Man muss warten, bis man groß ist. »Bald wirst du ein großes Mädchen sein«, sagt ihre Großmutter. Das Blut stößt sie ab, aber gleichzeitig hat sie es eilig, zu sein wie die anderen, Claude zu gleichen, ihrer

Mutter, mitreden zu können, weiblich zu deklinieren. Ich habe meine Regel, hast du die Mens, sie hat die Frauengeschichte, wir haben die Sache, ihr habt die Periode, sie haben ihre Mickeys, ihre Dinger, ihre Mohnblumen, Besuch vom Kardinal. Ich empfange meine Eltern aus Rotenburg, du ziehst die rote Karte, bei ihr ist die Rote Armee im Anmarsch, wir lackieren den Kühlergriff rot, erhalten den Monatsbrief, ihr bekommt euren Lohn in Rubinen, sie kochen Muscheln mit Tomaten, Rote Grütze, Rotbarsch mit Ketchup, haben die Erdbeerwoche. Wir Mädchen zollen dem Mond unseren Tribut, machen Urlaub am Roten Meer, surfen auf der roten Welle, bekommen Besuch von Tante Rosa, vom Roten Baron, von der Erdbeerfee, der Roten Lola aus Unterleibzig, wir haben unsere Woche, unsere Tage, einen Ferrari in der Tiefgarage oder Maler im Keller, kurz, wir leiden.

»Na gut«, sagt der Cousin von Jeannine, der sie später heiraten will, wenn sie groß ist, »ihr leidet. Aber nur fünf Tage pro Monat. Wir, wir müssen uns jeden Tag rasieren. Und zum Militär müssen wir auch.«

Eines Morgens wird sie von einem dunkelhäutigen Mann gestreift, der ihr in dem Moment, als er an ihr vorbeigeht, in den Po kneift, seine Fingernägel hineinbohrt, während er ihr etwas ins Ohr flüstert und dann seinen Weg fortsetzt. Es verschlägt ihr den Atem, sie bleibt wie angewurzelt auf dem Gehsteig stehen. »Das war ein Kanake«, sagt die Zeitungshändlerin, die alles gesehen hat, »die sind alle so, die Kameltreiber, alles geile

Böcke.« Da sie nicht versteht und die *Quillet*-Enzyklopädie ihr auch nicht weiterhilft, spricht sie mit ihrem Vater darüber. »Benutz diese Ausdrücke nicht«, sagt er, »das ist vulgär. Der Mann ist bestimmt einer von diesen Algeriern, die von den Direktoren der Renault-Werke in den letzten Jahren massenhaft nach Cléon geholt wurden«, erklärt er. »Da sie ihre Familien zu Hause lassen mussten, haben sie keine Frau, und das fehlt ihnen. Deshalb rutschen ihnen oft die Hände aus. Nicht einmal die Nutten wollen sie«, fügt er lachend hinzu. »Bohnenstange zum Beispiel ist kategorisch, sie sagt, ›ich habe meinen Stolz‹, wenn sie mit einem Tripper in die Praxis kommt.« – »Und was soll ich also tun?« – »Die Straßenseite wechseln«, antwortet der Vater. »Tagsüber riskierst du nicht allzu viel. Was hattest du denn an? Und abends gehst du nicht aus. Aber das Sicherste ist, sobald du einen zwielichtigen Mann siehst, wechselst du die Straßenseite.« Und da sie nachdenklich aussieht (Nutte, ist das nicht auch vulgär? Und was ist mit Tripper?), ruft er sie nach dem Abendessen ins Wohnzimmer, Claude und sie, und bringt ihnen Verteidigungstechniken bei. Er mimt eine Szene. »So, ich spiele jetzt einen Angreifer«, sagt er und packt Claude an den Armen. »Los, befrei dich aus meinem Griff. Ich meine, tu nur so, als ob«, fügt er mit schmerzverzerrtem Gesicht hinzu. Claude liebt dieses Spiel. »Mit dem Knie kräftig in die Eier, ohne zu zögern«, wiederholt sie. »Und der Kerl ist für eine Weile außer Gefecht«, freut sie sich. »Hast du kapiert, Laurence? Du zielst auf die Kronjuwelen. Schaffst du das? Einen schönen blauen Fleck in die Eier.« Im Hintergrund läuft die *Schöne blaue Donau*. Sie sagt Ja, ja – sie will vor allem nicht probieren, nicht mit ihrem Vater. Es ist beruhigend, die schwache Stelle der Jungen zu kennen, zu wissen, wo man ihnen wehtun kann, so richtig weh, scheint es. Aber nachts in den Träumen bringt sie es nicht fertig, es fällt ihr nicht einmal ein. In ihren Träumen gewinnt jedes Mal der Angreifer. Und er rächt sich.

Endlich hat sie die Regel, fast ein Jahr nach allen anderen. Sie ist glücklich. »Das hast du jetzt für vierzig Jahre«, lächelt ihre Mutter, aber ohne die Augen. Und Claude: »Ist es so weit, bist du kein Baby mehr? Willkommen im Club, Grok.« Die Mutter protestiert. Seit Jeannine im Krankenhaus ist, will sie nicht mehr, dass Claude ihre Schwester Grok nennt. Ohne jemandem etwas zu sagen, hat sie komplett zu essen aufgehört, sie wiegt noch dreißig Kilo, geht nicht mehr in die Schule und wird vielleicht sterben, niemand darf sie sehen, nicht einmal ihre Mutter, heißt es, traurig. In Sachkunde nehmen sie die Fortpflanzung des Frosches durch, auch Reproduktion genannt – man beachte: Der Frosch ist nicht etwa das Männchen der Kröte, ein weit verbreiteter Irrglaube. Die Kröte hat die Krötin zum Mann, der Frosch die Fröschin. Für die Reproduktion sind die Weibchen zuständig, die Mädchen, immer, überall. Die Diminutive legen sich mächtig ins Zeug. Ein lustiger Ausdruck, sich reproduzieren. Es ist in gewisser Weise das Gegenteil von Sterben, aber es funktioniert nicht wie beim Kopierer: Man reproduziert sich nicht identisch. Mädchen sind keine Maschinen, sie reproduzieren sich nicht einfach, manchmal bringen sie Jungen hervor.

In der Schule langweilt sie sich, nur im Französischunterricht wird sie wach. Sie träumt sich als Heldin von Corneille, Racine, rezitiert still für sich Lamartine, verkriecht sich ganz in die Worte der Liebe. Sämtliche Lehrer sind Frauen, außer in Sport und Werken. Die männlichen Lehrer rufen die Schülerinnen nie bei ihrem Vornamen, immer nur beim Nachnamen, manchmal mit einem Mademoiselle voran, aus Ironie. In der siebten Klasse bringt Monsieur Renard den Mädchen das Nähen bei, sie schneidern Schürzen, umfassen samtene Kleiderbügel mit einer Borte, sie stricken, sticken und säumen. Manchmal bittet der Lehrer eine der Schülerinnen, ihm einen Knopf am Hemd anzunähen oder eine Krawatte zu bügeln. »Mademoiselle Barraqué, Sie scheinen sich mit Ihrem Schnittmuster zu langweilen, kommen Sie her.« Hinten im Saal brüten die Jungs über ihrem Stromkreis oder Motordiagramm. Wenn im Sport Fußball gespielt wird, müssen die Mädchen an den Schwebebalken, und in diesem Fall übergibt der Lehrer seinen Platz einer Kollegin, einer alten Jungfer, die um die hundert Kilo wiegen dürfte und nicht unbedingt verständnisvoller ist, was die Erdbeerwoche angeht – sie muss vergessen haben, was das ist, es scheint, wenn man alt ist, hat man keine mehr. Beim Gewichtwerfen müssen die Mädchen drei Meter schaffen, die Jungs fünf, so ist das und nicht anders. Sie hat viel Kraft in den Armen, aber passt gut auf, die drei Meter nicht zu übertreffen, sie versucht, das unvermeidliche Gespött über ihren Familiennamen zu umgehen. Nachts erscheint Monsieur Renard im Sachkundeunterricht – »Barraqué, an die Tafel« –, er peitscht sie nackt aus bis aufs Blut, mit heruntergelassenen Hosen, da der Knopf auf dem Hosenschlitz, den sie für ihn annähen musste, nicht gehalten hat.

7

Einmal ist sie im Schwimmbad, sie liegt im Gras und liest, allein. Claude ist mit ihrer Clique schon gegangen, sie tut so, als wäre sie ein Einzelmädchen. Im Frühling ist Jeannine gestorben, sie wog noch achtundzwanzig Kilo, sie wollte Gewicht verlieren und hat das Leben verloren. Man ist dreizehn Jahre alt, weiß nicht mehr so recht, wohin mit sich. In die Langeweile schleicht sich die Angst. Um sieben verkündet die Glocke, dass das Schwimmbad geschlossen wird. Sie schaut von ihrem Buch auf. Einige Meter von ihr entfernt steht ein Junge, er ist dabei, sich anzukleiden – sie hat ihn noch nie gesehen. Die Hose hat er bereits an, und mit dem Polohemd in der Hand blickt er in die Sonne, die zu sinken beginnt. Er kehrt ihr den Rücken zu, ein Ledergürtel betont seine Taille, die Linie seiner Muskeln weitet sich nach oben bis zu seinen Schultern. Worte des Romans fallen ihr ein, in dem sie liest, sie beschreiben den Ritter Tristan, in den die Königin verliebt ist, und ihre Kehle ist plötzlich ausgetrocknet: »breite Schultern, schmale Seiten«. Das ist er, der Tristan aus der Geschichte, er steht auf einmal vor ihr im Schwimmbad Saint-Saëns. Als sie ihn betrachtet wie den Schriftzug auf dem Umschlag, fällt ihr das Atmen schwer, ihr ist kalt und warm zugleich, sie spürt einen Stein auf der Brust, ihr Herz rast, aber in ihrem Bauch. Der Junge dreht sich um, er hat braune Haare auf der Brust, ist mindestens sechzehn, vielleicht siebzehn; er hat sie überrascht, ihre Blicke treffen sich, er winkt ihr kurz zu, sie wendet den Kopf ab, sie kennt ihn nicht. Und doch. Er nimmt seine Sporttasche und geht, sie sieht ihm nach. Sein Rücken. Seine Schultern. Loslaufen, ihn zurückhalten, sich an ihn drücken, die Hände auf seine Arme legen, an seinen Hals, er soll sie empfangen, aufnehmen, sie wollen. Sie begehren. Sie liegt regungslos auf ihrem Handtuch, der Mund wie ausgedörrt, erschlagen. Unter ihrer Haut ist ein Gefühl, das sie nicht kennt.

Dann vergisst sie es wieder.

Doch es kommt zurück – es ist berauschend, dieselbe Empfindung, unversehrt und intensiv, neu, ein Strom, der sie stockend durchfließt, der zugleich belebt und austrocknet. Zum Geburtstag schenkt ihr die Großmutter eine Eintrittskarte für ein Ballett von Maurice Béjart – »ein schönes Geschenk für ein Mädchen«. Zuerst verwirrt sie der Tanz, er hat so gar nichts zu tun mit den kleinen Tänzerinnen der Oper, die sie immer noch zum Träumen bringen. Auf einmal nimmt ein Tänzer, nackte Brust, stark geschminkte Augen, den ganzen Raum ein, sie schaut ihn an, ihre Brust verschmilzt mit seiner, sie sitzt in der zweiten Reihe und sieht nur noch ihn. Es ist Jorge Donn, zwanzig Jahre später wird er an AIDS sterben, aber an diesem Abend ist er zwanzig Jahre alt. Es gefällt ihr, dass er muskulös und geschminkt ist, athletisch und feminin, effeminiert, würde ihr Vater sagen, dass er lange Wimpern hat und eine Schale zwischen den Oberschenkeln, sie mag es, dass der Junge nicht das Gegenteil des Mädchens ist, sondern es enthält, miteinschließt. Der Junge ist ihre Chance, sie spürt es. Er bleibt jedoch ein quälendes Rätsel; seine Schönheit ist ein Pfeil in ihrem Herzen, und auf ihrem Bauch ist für immer ein Abdruck des Männlichen eintätowiert.

Von da an ist nichts mehr, wie es war. Der Sachkundeunterricht verschwindet nicht aus ihren Nächten, aber die Tage sind von einem neuen Wissen getragen: Sie ist nicht nur eine Sache, sie ist ein Mädchen. Jetzt ist der Junge die Lektion, und sie kann es kaum erwarten, sie zu lernen: seine Schultern, sein Torso. Das Wort »Torso«, das Wort »Schulter«, das Wort »Muskeln«, die Wörter »Junge« und »Mann«, sie alle lösen eine sonderbare Empfindung in ihr aus, die noch keinen Namen hat, die nicht der einsamen nächtlichen Entladung gleicht, die an andere Wörter gebunden, an andere Bilder gekoppelt ist, ein Versprechen ist, ohne dass sie weiß, worauf, auf wen. Ist es der Prinz der Liebesschnulzen, die sie immer noch liest? Vielleicht. Aber jetzt ist er nackt, und der herbe und zugleich süße Schmerz, den sowohl seine Anwesenheit als auch seine Abwesenheit auslöst, höhlt ihr die Brust aus. Sein Torso torpediert ihr das Herz, sein Rücken, Zeichen und Linie der Flucht, beschreibt das Objekt, das sie vermisst. So entdeckt sie mehrere Jahre nach der Lust das Begehren. Dieser Mangel erweckt sie zum Leben, während die Nacht sie sterben lässt. Der Genuss löscht sie aus, das Begehren ruft sie wach. Die Lust ist kurz, das Verlangen ohne Ende. Da ist das Leben, dem alles fehlt, da ist der Tod, vom Nichts erfüllt. Das Nichts, das kennt sie schon, es bleibt ihr, das Alles zu erobern. Wie muss sie sich das vorstellen? Das kam nicht vor in der Sachkunde ihres Vaters. Die Sonne scheint, das Gras ist grün. Sie hat nichts kommen sehen, aber eines Tages wird er da sein, der Prinz – sie hat das Lied nicht vergessen.

Erinnerst du dich an sie, an dieses Mädchen, und mit welcher Wucht das Begehren in ihr Leben hereingebrochen ist? Ja, ich erinnere mich. Die Welt organisiert sich auf einmal neu, erhält einen ungeahnten Sinn: Die Jungen sind für sie gemacht. Natürlich sind sie anders, aber genau darin liegt die Herausforderung, das Abenteuer. Sie sind jung, und sie sind schön. Unter ihrer Haut spielen die Muskeln, und in ihren Augen, in ihrem Lächeln ist Angst, selbst wenn es frech ist. Was gibt es Dringenderes auf der Welt, als seinen Mädchenkörper an ihren zu drücken? Ich erinnere mich an diesen angsterfüllten Rausch, diese angelernte Unwissenheit. »Wie können wir es leiden, Herr, dass so viele Meere mich von Ihnen trennen?« Alles lichtet sich auf einmal. Die Entfernung muss aufgehoben werden, so ist es. Man muss endlich von »präsentabel« zu »präsentiert« übergehen. Präsent sein. Aber wie anstellen? Zum Glück blickt meine Schwester besser durch, sie ist sechzehn. Und sie hat einen Freund, den sie loswerden will (sie hat einen anderen in Aussicht), ist bereit, ihn mir abzutreten, um es auszuprobieren, »um zu sehen, ob es hinhaut«, wie sie sagt. Plötzlich bin ich interessant für sie, ich spüre es –

unterschätzen wir nicht den zusätzlichen Gewinn, nämlich eine Schwester wiederzuerlangen. »Er heißt Romain, er ist nicht gerade der Hellste, aber er küsst gut«, sagt Claude. Gut, aber ich habe noch nie mit jemandem geflirtet – *flirten*, so sagt Mama –, ich weiß nicht, wie küssen geht. Halb so schlimm, Claude bringt es mir bei. Sie fordert mich auf, mich neben sie auf die Wohnzimmercouch zu setzen, schlingt ihre Arme um meine Schultern und steckt mir ihre Zunge in den Mund; ich weiche einen Meter zurück. »Aber sicher, was glaubst du denn, man benutzt die Zunge, sonst ist es nur ein Schmatzer, ein Knutscher, ich spreche von einem Zungenkuss, einem French Kiss!« Ich nähere mich wieder, sie fängt noch einmal an, sie dreht ihre Zunge in meinem Mund, ich weiß nicht, was ich mit meiner machen soll. »Du drehst sie auch, das ist alles, na ja, du lässt es geschehen, das kommt von allein.« Ich gebe mir Mühe, ja, ja, ich bekomm es langsam raus. Es gefällt mir. »Gut, Grok, du hast es gecheckt, ich rufe Romain an«, sagt meine Schwester.

Romain ist nicht sehr schön, dafür hat er ein Motorrad. Besonders schlau ist er auch nicht, aber was soll's. Ich bin dreizehn, er achtzehn, er braust mit vollem Tempo in den normannischen Bocage, wo wir uns hinter den Hecken küssen wie die Wilden. Ich frage ihn, ob er schon mit Mädchen geschlafen hat, er sagt Ja. Ich mag es, wenn es heiß ist und er sein Hemd auszieht, um sich im grünen Gras zu bräunen. Er hat einen glatten weißen Rücken, ein bisschen zu weiß, ein bisschen zu glatt, um viril zu sein, aber immerhin. Als er versucht, meine Bluse aufzuknöpfen, sage ich Nein und lege meine

Hände auf die Brüste, na, ja, dahin, wo normalerweise die Brüste sind, und sage noch einmal Nein, in der Hoffnung, er versteht Ja, aber dass ich noch Nachhilfe in Sachkunde brauche – macht es auch Spaß, wenn man einverstanden ist? Sobald er Nein hört, gibt er auf, rückt wie zu meiner Beruhigung die Enden meiner Bluse zurecht. Er sagt, er respektiere mich, ich sei noch zu jung. Ich glaube, er freut sich, dass er der Erste ist, der mich geküsst hat, und dass ihm das reicht, er will nicht unbedingt den Deckel abnehmen. Ich sage ihm nicht, dass der erste Junge, den ich geküsst habe, in Wirklichkeit meine Schwester war. Dieser Kuss hat uns einander nähergebracht, sie und mich. Wir beginnen, einander Geheimnisse anzuvertrauen. Eines Sonntagmorgens sitze ich auf ihrem Schoß, wir sind beide im Nachthemd und tuscheln, als Uromi ohne anzuklopfen ins Zimmer platzt. Bei dem Anblick entstellt sich ihr Gesicht. »Nicht zwei Mädchen«, schreit sie, »aber doch nicht zwei Mädchen zusammen, das ist nicht recht!« – und sie zieht mich am Arm von meiner Schwester weg. Claude lacht laut heraus und verfolgt sie durch den Flur, »aber ein Mädchen und ein Junge, das ist recht, Uromi? Sag, mit einem Jungen ist es in Ordnung?«

Das Problem sind die Alten. Die dreißig oder noch älter sind. Da ist einer beim Ausgang der Schule, er trägt einen schmutzigen Regenmantel, den er öffnet, wenn wir an ihm vorbeigehen, um sein winziges Schniepelding zu zeigen und an ihm herumzuzupfen, als hoffte er, es länger zu machen. Von Zeit zu Zeit verscheucht ihn die Schuldirektorin mit den Händen fuchtelnd, aber er kommt jedes Mal wieder zurück. Manchmal rennen vier oder fünf Freundinnen untergehakt auf ihn zu, um zu sehen, was passiert. Ich wechsle die Straßenseite, eine alte Angst kommt wieder auf, auch wenn ich natürlich den Unterschied zwischen einem Messer und einer Strandschnecke kenne.

Seit ich küssen kann, komme ich nicht mehr aus der Übung. Mit Sylvie, einem Mädchen aus meiner Klasse, klappere ich Garagenpartys ab. Sie hat eine Schwester, Viviane, die zwei Jahre älter ist und sie im Gegensatz zu meiner zu Überraschungsfeten mitnimmt, auf denen ältere Jungs sind, von denen einige sogar schon einen Führerschein haben und Gitarre spielen. Wir tanzen mit fliegenden Haaren, tragen Cordhosen, Clarks und peruanische Tuniken, warten auf die Damenwahl, um den Schönsten zu küssen. Im Sommer gehen Sylvie und ihre Schwester im Garten ihrer Großmutter in Coutainville zelten, mit ein paar Freunden von Viviane, die gerade ihr Abi gemacht haben. Ich habe das Collège mit der Auszeichnung »sehr gut« bestanden. Mein Vater, der sich durch die Anwesenheit der Großmutter beruhigen lässt, ist einverstanden, dass ich mitgehe, unter der Bedingung natürlich, dass ich im Haus schlafe und nicht mit den anderen wild durcheinander im Zelt, »ist das klar?« – heizt du einer Marone unter, wird sie platzen. Er instruiert die Großmutter am Telefon, die zu allen seinen Anweisungen »ja, ja, natürlich« sagt – sie ist taub und hat keine Batterie mehr in ihrem Hörgerät, sie würde eine Kastanie einen halben Meter neben sich nicht platzen hören.

Als ich aus dem Bus steige und mit meinem Rucksack auf dem Rücken am Strand ankomme, sind Viviane und ihr Freund Gérard da, der sie mit Sonnencreme einreibt, und drei Jungen, die sich unterhalten. Sylvie und ihre Cousine Catherine sind schwimmen gegangen. Viviane stellt mich mit einer Handbewegung vor: »Laurence, eine Freundin meiner Schwester.« Die Jungs – Franck, Hervé, Daniel, »Hallo« – blicken mich kurz spöttisch an und gehen dann wieder ihrer Beschäftigung nach: das Aussehen der vorbeigehenden Mädchen kommentieren. »Der Hintern geht, aber das Gesicht ist nicht gerade berauschend«, »mit einem Kissen über dem Gesicht eventuell …«, »hast du dieses Waschbrett gesehen?«. Ich ziehe mich aus. Den Badeanzug habe ich schon drunter. Meine Großmutter hat sich bereit erklärt, solche Schaumstoffkissen ins Oberteil einzunähen, wie sie sie seit ihrem Brustkrebs trägt. Ich muss nur aufpassen, sie unauffällig auszuwringen, wenn ich aus dem Wasser steige, denn der Schaumstoff ist wie ein Schwamm und die Brüste wären doppelt so groß. Die Jungs sind verstummt. Ich spüre ihre Augen in meinem Rücken, während ich Richtung Meer laufe. Die Scham hat bereits einem anderen Gefühl Platz gemacht, mein Gang ist sicherer geworden; in der *Charlie Hebdo* meiner Schwester haben sämtliche von Wolinski gezeichneten Mädchen Groks. Sollte das am Ende ein Plus sein – es fehlt nur ein Buchstabe, und der Kackarsch wird zum Knackarsch. Ich wiege versuchshalber ein wenig die Hüften. Die Sonne wärmt mich ganz und gar und bringt den Wunsch zum Glühen, ihnen zu gefallen.

Franck ist der Erste, der zum Angriff übergeht. Ich mag seine grünen Augen und seine glänzenden braunen Haare, ich finde ihn viril (ein Junge ist dunkelhaarig, ein Mädchen blond) – das Wort »viril« lässt mich erzittern, ich verwende es im Kopf ständig. Zwei Tage lang küssen wir uns am Strand. Am dritten Tag geht die ganze Clique ins Kino. Franck lässt es zu, dass wir von den anderen getrennt werden, ich habe den Eindruck, er setzt sich absichtlich ganz an den Rand, während ich am anderen Ende neben Hervé sitze. Ich mag Hervé. Schön ist er nicht, aber er spielt sehr gut Gitarre, er hat in Rouen sogar eine Band. In der Mitte des Films nimmt er meine Hand, ich verschränke meine Finger mit seinen. Wir küssen uns, er streichelt meine Schultern, meine Oberschenkel, ich fühle mich wie eine Gitarre. Kurz darauf sehe ich, wie er sich nach links dreht, nickt und Franck im Halbdunkel mit dem Daumen nach oben ein Zeichen macht. Na schön. Am nächsten Tag besuche ich Daniel in seinem Zelt, er liest im Bürgerlichen Gesetzbuch, um sich auf sein erstes Jahr an der juristischen Fakultät vorzubereiten, es entspanne ihn, sagt er. Er liegt mit nacktem Oberkörper da, ich lege meine Lippen auf seine runden Schultern. Wir reden den ganzen Nachmittag, er ist sanft, witzig, intelligent, dann gehen wir Hand in Hand an den Strand. Er trinkt sehr viel, das ist schade, er geht nirgendwohin ohne eine Dose Bier in der Hand. Trinken ist viril, aber danach sieht man fürchterlich aus, wenn man mich fragt. Nachts schlafe ich bei ihm, er streichelt mein Haar, meinen Nacken, meinen Hals. Manchmal, wenn er mich an sich zieht, spüre ich das steinharte Messer an meinem Oberschenkel, ich schrecke zurück, er sagt nichts, oder er sagt: »Mach dir keine Sorgen.« Als wir einmal alle zusammen Tarot spielen, tauschen die beiden anderen wütende Blicke miteinander, geschieht ihnen recht!

Am Morgen vor meiner Abfahrt – die Clique bleibt noch länger, aber mein Vater hat mir nur eine Woche erlaubt – zieht mich Daniel zu den Dünen, die etwas abgelegen sind vom Haus, es ist merkwürdig. In einer Sandmulde bemerke ich Franck und Hervé, die aufgebracht scheinen. Ich drehe mich um, aber Daniel ist verschwunden. Ich will ebenfalls kehrtmachen, doch sie packen mich an den Armen und zwingen mich, mich zwischen sie zu setzen. »Na«, beginnt Franck, »du denkst also, du kannst uns verarschen? Was glaubst du eigentlich, wer du bist?« – »Wir sind keine Schwuchteln, das kannst du mir glauben«, fährt Hervé fort und wirft eine Handvoll Sand nach mir, »wir lassen uns nicht von einem Mädchen zu Idioten machen.« Ich sehe sie nicht an, ich suche die Linie der Düne ab, hat Daniel mich wirklich im Stich gelassen? »Ich mache euch nicht zu Idioten«, sage ich mit hochmütiger Stimme. »Drei in einer Woche, darunter machst du es wohl nicht? Wie nennst du das?« – »Ich gehe, mit wem ich will, das ist alles. Ich tue, was ich will.« – »Ja, genau, und was du willst, ist uns zu Idioten machen.« – »Ihr wart es doch, ihr habt mich doch schlecht behandelt«, sage ich, den Blick immer noch über sie hinausgerichtet, das Kinn erhoben, den Nacken gestreckt, als würde ich den *Schwanensee* tanzen. »Glaubt ihr, ich hätte nicht gesehen, wie ihr euch im

Kino zugezwinkert habt? Ihr seid in eure eigene Falle getappt, das ist es, was euch ärgert.« – »Spiel dich nicht so auf«, sagt Franck. »Du nimmst uns, wirfst uns weg, und obendrein beschwerst du dich auch noch!« – »Kennt ihr das Gedicht von Jacques Prévert?«, frage ich. Und ich rezitiere: »Ich bin, die ich bin / Ich bin so gebaut / Kommts mir in den Sinn / So lache ich laut / Ich lieb den der mich liebt / Was kann ich dazu / Dass es mehrere gibt / Ich lieb immerzu / Ich bin wie ich bin / Was kann ich dafür / Mehr ist nicht drin / Was wollt ihr von mir.« Hervé blickt zu Boden, das auswendige Zitieren muss ihn beeindruckt haben. Ich nutze die Gelegenheit, um aufzustehen, es gibt nichts hinzuzufügen. Franck ist außer sich, er packt mich am Knöchel. »Aber die in deinem Gedicht ist eine Hure! Hörst du das, Hervé, die rezitiert uns ein Hurengedicht! Und freut sich auch noch! Also gut, einverstanden, wenn du eine Hure bist, können wir dich auch wie eine Hure behandeln. Barraqué, die Bumsbaracke …! Selbstbedienung!« – »Hör auf«, sagt Hervé. »Lass sie gehen.« – »Bekommst du etwa kalte Füße?«, geifert Franck. »Willst du ihr nicht zeigen, wo's langgeht?« Mein Herz fängt an zu hämmern, es geht über ein Seil, die Angst ist ein Akrobat. Wo's langgeht? Doch der Griff von Franck lockert sich, ich befreie mich und mache mich so würdevoll davon, wie es mir meine zitternden Beine erlauben. Hinter der Düne sitzt Daniel. Ich gehe wortlos an ihm vorbei, ganz die Prinzessin. Er holt mich ein: Er hätte es nicht zugelassen, dass sie mir etwas antun, versichert er mir, er habe auf mich gewartet. »Warum hast du mich überhaupt zu ihnen gebracht (oder müsste ich sagen: zur

Vorladung?)«, frage ich, ohne ihn anzusehen, die Augen zum Meer gerichtet, zum offenen, freien Meer. »Sie wollten nur eine Aussprache. Ich konnte ihnen das nicht verweigern. Aber sie haben mir versprochen …, na, es ist ja alles gut, was! Ich bin hier.« – »Du bist nicht mein Vater, weißt du das?« (*was für ein Blödsinn, hätte mein Vater das Recht dazu?*). »Ich bin nicht dein Vater, aber ich bin dein Freund. Wir sind zusammen, oder?« Ich gehe schweigend die Düne hinunter. Wo's langgeht … Auf den Fotos, die ich in dieser Woche am Strand von Coutainville aufgenommen habe, sehen die Dünen mit den kleinen Grasbüscheln, die man beim Vorbeigehen mit den Füßen streift, aus wie Frauenkörper.

Inzwischen sind wir sechs Monate zusammen, Daniel will, dass wir miteinander schlafen, aber er redet nur davon, statt es zu tun. Ich sage ihm, ich möchte warten, er bedrängt mich: »Wann wirst du es wollen?« Es gibt zwei Sachen, die er nicht weiß, also wird nichts daraus werden. Erstens kennt er die väterliche Philosophie nicht, die Kastaniendoktrin … Mein Vater will, dass ich bis zur Hochzeit Jungfrau bleibe, und ich gehorche ihm. Ich mag es, zu gehorchen. Nicht zu gehorchen macht mir Angst. Und zweitens will ich nicht nur wollen. Ich will wollen müssen.

Für die Osterferien meldet mich meine Mutter auf eindringliche Empfehlung des Klassenrats zu einem Sprachaufenthalt in London an. Die für die Reise zuständige Organisation gibt mir die Adresse meiner Gastfamilie, der ich einen Brief schreibe, um mich vorzustellen. Am ersten Ferientag besteige ich etwas widerstrebend den Zug und überlasse Daniel seinen Semesterprüfungen. Gemeinsam mit meiner Gruppe treffe ich an der Waterloo Station ein. Am Ende des Bahnsteigs stehen die englischen Eltern und gehen auf ihre Gäste zu, wechseln ein paar Worte, bevor sie Richtung Ausgang strömen. Der Bahnsteig leert sich schnell, ich bleibe allein zurück mit meinem Koffer vor den Füßen, *How do you do*, wiederhole ich meine erste Lektion, *How do you do*, das ist idiotisch, das heißt nicht »Wie geht's?«, sondern »wie machst du«, ja, wie macht man, wie mache ich es jetzt allein auf dem Bahnsteig der Waterloo Station? Ich bin fünfzehn Jahre alt, oh Waterloo, gottverlassene Öde, ich stehe auf einem Bahnhof, der den Namen einer Niederlage trägt, besungen von Victor Hugo. Schließlich nähert sich der Organisator mit seiner Liste in der Hand und fragt mich nach meinem Namen, »Laurence Barraqué«, sage ich, das ranzige Wasser, das Abwasser, der Abschaum, sage ich zu mir selbst. Er geht den Bahnsteig hinauf zu einem fettleibigen Paar, das unschlüssig ist, ob es gehen soll, und kehrt dann strahlend mit den beiden zurück. »Peter, Amy … Laurence.« Wir schütteln uns versöhnlich die Hände, Schwamm darüber, ein kleines Missverständnis: »Laurence ist in England ein männlicher Name – Laurence Olivier, der Filmschauspieler, *you know* … –, also haben sie einen Jungen erwartet.« »Ich verstehe«, sage ich. Meine Eltern auch, sage ich nicht. Ich bin es gewohnt. »Aber das macht nichts«, fügt der Organisator friedfertig hinzu, »Junge oder Mädchen, das ist dasselbe.«

Wenn man so will.

Ich klettere schweigend auf den Rücksitz des Wagens. Peter fährt und sieht mich im Rückspiegel mit einem verdatterten Blick an, Amy starrt auf die Straße. Sie wohnen in einem kleinen Einfamilienhaus im Osten der Stadt. Sobald wir den Flur betreten, ruft Amy mit einem finsteren Ton, das Gesicht in Richtung Treppe, die nach oben führt: *»Helen! Come down! Laurence is here.«* Ich stelle meinen Koffer ab und schaue ebenfalls zum oberen Stock, von wo ein musikalischer Sirup das Geländer heruntertropft. Auf der ersten Stufe tritt ein Fuß in Glitzerpumps in Erscheinung, dann schwebt ein zweiter heran, gefolgt von einem schwarz umhüllten Bein mit einem Hauch Spitzenrüschen. Eine Hand mit roten Fingernägeln streichelt die Rampe, und mit der Langsamkeit eines Showgirls schieben sich nacheinander wogende Hüften ins Bild, eine schlanke Taille, ein cremefarbener Busen, in einer Korsage dargeboten wie auf dem Tablett der Heiligen Agatha, ein anmutiger Hals und lächelnde Zähne von einem verblüffenden Weiß. Endlich zeigt sich das Gesicht, die Vergissmeinnicht-Augen, aus denen der Glanz schwindet, sobald sie auf meine treffen. »Helen«, sagt der Vater und deutet auf seine versteinerte Tochter, die mit wütendem Blick mitten auf der Treppe stehen geblieben ist. *»Laurence is a girl«*, bestätigt er, halb ängstlich, halb belustigt. Ich deute einen Gruß an, der zu einer Entschuldigung dahinschmilzt, ich würde am liebsten in meinem Koffer verschwinden und ans Ende der Welt verschickt werden, stattdessen sage ich: *»How do you do?«* und mache einen kleinen Knicks, beuge das Knie vor so viel Schönheit, *how do you do*, wie machen Sie es, so …, oder eher, wie machst du es, schließlich ist sie kaum älter als ich, sie muss siebzehn oder achtzehn sein, wie machst du es, so schön zu sein? Helen antwortet nicht, geht vier Stufen auf einmal die Treppe wieder hinauf. Die Musik bricht abrupt ab. Sie kehrt in einer Jeans und einem alten T-Shirt zurück und geht in die Küche Karotten schnippeln. Sie hat einen Jungen erwartet, einen französischen Jungen, *a french lover*, und jetzt bin nur ich da, *only me*.

Was Mädchen alles tun, um Jungen zu verführen, ist eine Entdeckung für mich, es erschreckt und irritiert mich. Die Kleider, der Strass, der Lippenstift … Dieser ganze Zirkus. Als Mädchen habe ich es nie getan und es hat auch nie jemand für mich getan. Mama mag es nicht, wenn ich sie nachahme, und Papa noch weniger – als Claude einmal Rouge aufgelegt hat, fragte er sie, ob sie Clown werden wolle. Warum bin ich dann so berührt, erregt, empfänglich für den Zauber, den es ausübt? Und die Jungen, was tun die, um uns zu verführen? Ich suche, aber ich kann nichts finden. Sie dürfen sie selbst sein, sie zweifeln nicht, dass sie für sich selbst geliebt werden, ohne all die Kunstgriffe. Bin ich wirklich ein Mädchen? Ich habe keinen Nagellack auf den Zehen, trage kein Make-up, und ich rasiere mir nur ungern die Achseln – Jungs tun das nicht, meine Mutter auch nicht, aber Helen tut es, ich glaube, sie trägt sogar Glitzerpuder auf. Morgens nach der Dusche klatsche ich im schummrigen Neonlicht des Badezimmers meine Haare nach hinten, spanne meinen Kiefer an, und da, unter den buschigen Augenbrauen, mit nackter Haut, gleiche ich meinem Vater, in meinem Gesicht steckt ein Junge. Ich kann mich nicht entscheiden.

Mein Zimmer liegt Helens gegenüber. Während meines ganzen Aufenthalts überwache ich ihr Kommen und Gehen, ich beobachte, wie sie an manchen Abenden betrunken, im Minirock und tief ausgeschnittenen Top nach Hause kommt. Draußen ist es zwölf Grad, aber die Engländerinnen frieren lieber, als auf ihr Dekolleté zu verzichten. Diese Maskerade stößt mich ab, und doch träume ich davon, darauf einzugehen und derjenige zu sein, den sie erwartet hat. Der Koitus mit einem Jungen ist verboten, aber in der Philosophie der Kastanie wird nichts über das Koalieren mit seinem eigenen Geschlecht gesagt. Ich getraue mich nicht, mit ihr zu reden, mein Englisch ist zu dürftig. Ich möchte, dass wir uns aussprechen. *»Why arent't you a boy?« – »I'm sorry, I'm going to change, I promise.«*

Am Tag vor meiner Abreise schenke ich Helen ein vergoldetes Armband – ich habe Stunden gebraucht, um es auszuwählen. Ich möchte ihr so sehr gefallen, möchte so sehr, dass sie mich küsst und mir verzeiht. Aber Helen ignoriert mich stur: Ich bin ein Mädchen, und das ist unverzeihlich. Verachtet und enttäuscht reise ich ab. Vierzehn Tage lang war ich in London heimlich ein Junge gewesen. Laurence. Ein flachbrüstiger Junge, eine Barraqué ohne Balkon. Ein unsichtbarer Junge in einem gescheiterten Mädchen. Ein Loser. Laurence, die Laureatin ohne Lorbeeren.

Einige Wochen später wird sich die Studentin, die mir

in ihrem Zimmer im Studentenwohnheim Mathe-Nachhilfe gibt, mitten in einem Wahrscheinlichkeitsproblem plötzlich ihre indische Tunika über den Kopf streifen, meine Hände nehmen und sie auf ihre Brüste legen. Ich werde meine Fingerspitzen hineindrücken, es wird sich weich und warm anfühlen, wie schmelzende Butter. »He, hör auf!«, wird sie nach dreißig Sekunden beleidigt ausrufen, »das ist überhaupt nicht zärtlich, du tastest mich ab. Wir sind doch nicht bei einer Arztvisite!« – »Entschuldigung«, sage ich und räume meine Sachen zusammen, »Entschuldigung, ich stehe nicht auf Mädchen.« – »Du stehst nicht auf Mädchen«, schreit sie mir auf der Treppe hinterher, auf die ich mich geflüchtet habe (*ich sehe schwarz für meine Mathenote*), »du stehst nicht auf Mädchen? Aber du BIST ein Mädchen!«

Als ich aus London zurück bin, verkündet Daniel mir, dass er jetzt mit Karine zusammen ist, einer Studentin aus dem ersten Jahr, die Gras raucht und nicht die Jungfrau spielt. Eine Hure also, sage ich mir. Ein leichtes Mädchen, wie Uromi sagt (und ich bin ein schwieriges Mädchen). Dasselbe Wort verpasst mein Vater meiner Schwester eines Mittags mitten im Radioquiz *Le jeu des 1000 francs* (»Wie heißt die Devise von Paris?«), »meine Tochter ist eine Hure!«, weil er in der Toilettenschüssel einen schmuddeligen Pariser schwimmen sah (»Fluctuat nec mergitur – Schwankt, aber geht nicht unter«, sagt der Moderator Lucien Jeunesse zum ahnungslosen Kandidaten). »Nein«, antwortet meine Schwester und steht auf, »ich nehme kein Geld dafür.« Er steht ebenfalls auf, sein Kinn zittert, gibt ihr eine Ohrfeige. Ich sehe, wie sich ihre Wange rot färbt, sie rennt davon, Mama schmeißt ihre Serviette in Papas Teller und folgt ihr, ich will auch gehen. »Bleib hier«, sagt mein Vater. »Ich verbiete dir, dich von der Stelle zu rühren.«

Ich setze mich wieder hin.

Drei Monate später schlafe ich auf dem verstellbaren Behandlungsstuhl meines Zahnarztes Doktor Galiot zum ersten Mal mit einem Jungen, während seine Familie im Obergeschoss im Bett liegt. Ich habe auf der Straße zufällig Jérôme getroffen, meinen falschen Zwilling aus der Klinik Sainte-Agathe, den nervenden Milchbubi aus dem Collège. Es ist Juli, er trägt ein weißes Muskelshirt und muss um die ein Meter neunzig sein. Und ich erinnere mich, dass seine Mutter ihn in der Achten ins Judo gesteckt hat, »das ist ein guter Sport, um die Jungs zu beruhigen«, wie der Zahnarzt zu meiner Mutter sagte, während er mich ohne Betäubung bohrte. »Ach, zier dich nicht so«, fuhr er an mich gewandt fort, »du bist jetzt groß, das ist nur ein kurzer böser Moment, ich bin sicher, es tut nicht einmal weh ... Die hält nicht einmal den Mund offen«, schimpfte er in den Raum hinein. Jetzt ist es Nacht, ich blute auf das eilends von der Rolle gewickelte Einwegpapier, der böse Moment ist schnell vorbei, sehr schnell sogar. Im Halbdunkel und im Geruch von Chlorbleiche, einen Arm über dem Spucknapf, sind es die metallische Silhouette des Bohrers, seine insektenartigen Beine und Jérômes buckliger Rücken unter meiner Hand, die mich mitreißen – und vielleicht, ja, bestimmt auch die Erinnerung an das eiskalte Gerät, das sein Vater mir zwischen die Kiefer gedrückt hatte, um sie offen zu halten.

Da Papa die Marone nicht platzen gehört hat und mich vor der Schande meiner Schwester bewahren will, sind große Vorsichtsmaßnahmen angesagt. Ich fahre mit dem Mofa und einem Rezept, das auf Claudes Namen ausgestellt ist, mehrere Kilometer, um in einer Apotheke, in der der Name Barraqué unbekannt ist, die Pille zu kaufen. Claude hat ihr Abitur bestanden und geht nach Kanada, um den nächstbesten Studiengang zu absolvieren, der sie aus Rouen wegbringt. »Wann kommst du zurück?« – »Nie.«

Ich trete dem Theaterclub der Schule bei, ich möchte Roxane oder Bérénice darstellen, aber ich spiele die Agnès in Molières *Schule der Frauen*. Der Lehrer freut sich, »Du spielst die Unschuldige sehr lebensnah«, sagt er mit einem Hauch von Ironie, als er sieht, mit welcher Sehnsucht ich mich auf meinem Pappbalkon nach Horace verzehre. Er weiß nicht, dass sein Unschuldsengel schon vor mindestens drei Jahren *Die Schule der Mädchen* gelesen hat, den ersten, 1655 in Frankreich veröffentlichten Libertinage-Roman, in dem dieser »Apparat, mit dem Jungen pinkeln, der als Glied bezeichnet wird und zuweilen als Schaft, als Nerv, als Stachel oder Lanze der Liebe« für die unschuldige Heldin, ganz im Gegensatz zu Agnès, bald keine Geheimnisse mehr birgt. Der Ausdruck »Lanze der Liebe« gefällt mir, er rührt mich, die Mischung aus kriegerischer Dominanz und zartem Gefühl bildet eine Art widersprüchliches

Ideal, auch wenn »Schaft« eine unmittelbarere Wirkung von gedemütigter Erregung auslöst – der Schaft des Messers, der Schaft des Zahnarztbohrers, der Schaft des Spatens.

Jérôme möchte, dass wir später heiraten. Ich bin die Frau seines Lebens, sagt er. Es ist das erste Mal, dass ich eine Frau bin im Mund eines Mannes, es ist zu früh, ich fühle mich als Mädchen (aber nicht als Mädchen in der Bedeutung von Tochter, oder als Schwiegertochter gar, als die meines Zahnarztes erst recht nicht). »Ich habe dich sofort geliebt, als ich dich in der Sechsten am ersten Schultag auf dem Pausenhof sah. Wusstest du, dass ich nur Russisch als zweite Fremdsprache genommen habe, um sicher zu sein, dass ich in deine Klasse komme?« – »Nein! Aber warum hast du mich dann die ganze Zeit geärgert? Ich habe dich gehasst. Du hast mich am Zopf gezogen, du hast mich in der Kantine gestoßen und hast nur Blödsinn geredet. Einmal bin ich in der Pause deinetwegen hingefallen, ich musste mit drei Stichen am Knie genäht werden.« – »Ja, ich weiß. Das war, weil ich verliebt war.« Er möchte drei Kinder haben, einen Jungen und zwei Mädchen, wenn möglich, aber ihm ist alles recht. »Die werden sowas von süß sein«, schwelgt er, nackt an mich geschmiegt. »Ich sehe sie schon vor mir!« Er hat bereits Ideen für ein Haus, er zeichnet Pläne, er sieht sich schon als Architekten. »Schau mal«, er zeigt mir eine Zeichnung, »hier machen wir ein Spielzimmer mit einer Tischtennisplatte, einem Tischfußball und sogar einem kleinen Puppentheater. Du schreibst die Texte, und wir spielen sie unseren Kindern vor.« Es ist verrückt, wie er »unsere Kinder« sagt, er zittert beinahe dabei. Ich habe den Eindruck, er träumt vor allem davon, dass ich ganz ihm gehöre, dass ich nicht mehr weglaufen kann. Eine Mutter, das ist unwiderruflich. Aber ich bin siebzehn, habe Haare bis zum Po und andere Spielzimmer. Die Jungen in der Schule zeigen beim Handball auf dem Pausenhof ihre nackten Oberkörper, und wenn sie werfen, spannen sich unter ihrer braunen Haut die Armmuskeln, der Schweiß bringt ihre Schultern zum Glänzen wie knackige Äpfel, und nach jedem Tor teilen sie Freundschaftsklapse und Siegerlächeln aus. Ihre Kraft, ihre Schönheit, ihre Haut fesseln meine Nase an die Scheibe. »Barraqué, könnten Sie auch wieder unter uns weilen?« Die jungen Helden der Theatergruppe lassen sich Bärte wachsen, stehen in vollem Saft. »Molière, gut, sehr gut«, stimmt mein Vater zu, »das kann nichts schaden.« »Sehen wir uns lieber morgen«, sage ich zu Jérôme, der mich nach Hause bringen will, »ich gehe in die Bibliothek, ich muss einen Aufsatz schreiben.« Im Foyer wird das nächste Schulfest vorbereitet. Es wird geheizt, die Kastaniensaison ist in vollem Gange.

Ich weiß nicht genau, wann es schiefgegangen ist – als ich nach dem Probe-Abi den Sangria erbrochen habe, als ich meiner Cousine für ein paar Tage meine Pillenpackung abgetreten habe? –, aber es ist ein Fakt: Ich habe Verspätung. Große Verspätung sogar. Der Test frühmorgens auf der Toilette bestätigt es mir – ein Horror, dem Vater über den Weg zu laufen, wenn ich da aschfahl herauskomme –, und eine kurze Rechnung bescheinigt mir: Ich habe auch große Verspätung, um das Problem zu beheben, das da als farbige Linie vor mir aufscheint. Das Abtreibungsgesetz von Simone Veil ist vor knapp zwei Jahren verabschiedet worden, aber es kann nicht in Rouen geschehen, sämtliche Ärzte hier kennen meinen Namen. Ich rufe Daniel an, der inzwischen in Paris studiert, wir haben uns seit einer Ewigkeit nicht mehr gesehen, aber egal, er studiert Jura, er wird mir sagen, an wen ich mich in einem solchen Notfall wenden kann.

Er ist sehr nett am Telefon und rät mir, einen Termin im MLAC zu vereinbaren. »Im MLAC?« – »Ja, im Zentrum für freien Schwangerschaftsabbruch und Empfängnisverhütung. Du kannst bei mir bleiben, wenn du willst. Ich wohne in der Nähe von Montparnasse.« Er ist immer noch mit Karine zusammen, aber sie haben keine gemeinsame Wohnung, ihre Vorbilder sind Sartre und Beauvoir, erklärt er mir. Das Kontingente und das Notwendige oder so ähnlich. »Ah«, sage ich. Wie Paris die Menschen verändert, er wirkt so selbstbewusst, selbstsicher. Ich war, obwohl Rouen nur eine Stunde und zwanzig Minuten vom Bahnhof Saint-Lazare entfernt ist, nicht mehr als fünf oder sechs Mal in meinem Leben dort gewesen. Einmal, mit sieben, habe ich mit meinen Großeltern die Oper besucht. Ein anderes Mal war ich mit meinem Vater auf dem Autosalon. Sonst kenne ich vor allem den Gare de Lyon, wo wir auf dem Weg in die Sommerferien in La Chaux immer umstiegen.

Die Frau, die mich im MLAC empfängt, wirkt nicht

sehr umgänglich. Sie kann höchstens vierzig sein, aber da sie kein bisschen Make-up trägt, sieht sie älter aus als meine Mutter. Als sie zu sprechen beginnt, beruhigt mich ihre sanfte Stimme. Sie gibt mir eine Adresse, an die ich mich wenden kann, und erklärt mir, wie der Eingriff vor sich gehen wird. Während sie mir die einzelnen Schritte erklärt, holt sie eine durchsichtige Kanüle aus der Schublade. Ich höre nicht zu. Ich will es nicht wissen, ich will nur, dass es vorbei ist. Rechts vom Schreibtisch hängt ein Transparent an der Wand, dessen große, aus Isolierband herausgeschnittene Buchstaben sich stellenweise lösen: MEIN KÖRPER GEHÖRT MIR. »Aber ich sehe gerade, dass Sie noch nicht achtzehn sind«, sagt sie. »Das ist ein Problem. Sie brauchen die Einwilligung Ihrer Eltern.« Ich werde blass. »Aber nein, das ist unmöglich.« – »Auch die Ihrer Mutter?«, fragt sie. Ich schüttle den Kopf, ich habe überhaupt nicht daran gedacht, ich bin gar nicht auf die Idee gekommen, mit ihr darüber zu sprechen. »Erfahrungsgemäß verstehen die Mütter es oft besser, als man glaubt, wissen Sie. Ihre stammt aus der Generation, die noch die Engelmacherinnen erlebt hat, das kann hilfreich sein. Ich gebe Ihnen das Formular zum Ausfüllen. Reden Sie mit ihr. Eine einzige Unterschrift genügt.« – »Danke. Das werde ich tun.«

Der Arzt in der Ternes-Klinik, deren Adresse sie mir gegeben hat, ist ein Assistenzart, der sich auf Gynäkologie und Geburtshilfe spezialisiert. Ich strecke ihm das Papier mit der gefälschten Unterschrift meiner Mutter hin. Ich war versucht gewesen, beide Unterschriften hinzusetzen, doch bei der meines Vaters zitterte meine Hand zu sehr, ich hatte Angst, ihn zu verraten. Er erklärt mir noch einmal alles, nimmt ebenfalls eine Plastikkanüle hervor, streut hin und wieder ein, »Haben Sie alles gut verstanden?«, und gibt mir einen Termin nach den sieben Tagen Bedenkzeit, die das Gesetz vorschreibt. »So haben Sie die Möglichkeit, sich noch einmal alles in Ruhe durch den Kopf gehen zu lassen. Verstehen Sie?« – »Ja.« – »Haben Sie es mit dem Vater besprochen?« – »Mit dem Vater?« – »Ja, mit dem Vater des Kindes. Haben Sie keine andere Alternative?« – »Nein.«

Meine einzige Alternative ist die zwischen Jérôme und Mikis, einem griechischen Jungen, der an einem Sprachaustausch am Gymnasium teilnimmt. Aber wir wollen hier nicht ins Detail gehen.

»Also, eine Sache hat mir zu denken gegeben«, sage ich zu Daniel, der im Schneidersitz auf dem Teppich seiner Einzimmerwohnung sitzt, ein Bier öffnet, einen Joint im Mund. »Als er mich gefragt hat, ob ich mit dem ›Vater des Kindes‹ gesprochen hätte.« – »Und?«, fragt Daniel. »Dass er das Wort ›Kind‹ benutzt hat, das hat sich komisch angefühlt.« – »Es ist idiotisch, das vor einer Abtreibung zu sagen. Weil es ja gerade kein Kind gibt. Und also auch keine Eltern.« Ich weiß nicht, warum, aber Daniels Reaktion gefällt mir nicht. Trotzdem fahre ich fort: »Aber was noch seltsamer ist, es hat auch etwas Beruhigendes, dass ich ein Kind habe, in mir trage, na ja, ein werdendes Baby, ich weiß nicht, warum, es erfüllt mich mit Zuversicht, ich fühle mich, wie soll ich es sagen? Stark … Und dabei will ich gar kein Kind, ich glaube nicht, dass ich jemals eins haben werde.« – »Warum nicht?« – »Ich weiß nicht. Ich möchte frei bleiben. Weiter Theater spielen, ein Stück schreiben, ich weiß nicht, mein Leben leben.« Ich spüre, dass Daniel gerührt ist. Schließlich haben wir doch nie miteinander geschlafen, denke ich. Aber das ist nicht der Moment. Wechseln wir das Thema. »Ist das MLAC feministisch? Kennst du es? Sie haben mir Broschüren von der Frauenbewegung MLF in die Hand gedrückt, ich glaube, ich werde danach beitreten, man muss solidarisch sein unter Mädchen.« – »Ja, das MLAC ist gut, es ist sehr militant. Aber jetzt, wo ihr das Recht auf Abtreibung und Verhütung erhalten habt, solltet ihr wieder etwas runterkommen. Schluss damit, BHs zu verbrennen und den Männern den Krieg zu erklären. Wir müssen uns jetzt um Verständnis und Harmonie zwischen den Geschlechtern bemühen.« – »Ja, schon, aber die Männer sind immer noch die Stärkeren, sie haben ihren Machtinstinkt. Und wir Mädchen müssen es uns gefallen lassen. Ich zum Beispiel habe auf der Straße immer Angst, wenn ich spät nachts ausgehe, sogar in Rouen. Ich habe mir angewöhnt, meine Schlüssel wie einen Schlagring zwischen die Finger zu klemmen. Ihr, ihr macht so was nicht, oder?« – »Nein«, gibt Daniel zu. »Aber die Männer haben auch Angst, glaub das bloß nicht. Was die Angst betrifft, sind wir einander gleichgestellt. Wir haben schon im Kindergarten Angst, nicht auf der Höhe zu sein. Wir müssen ständig auf der Hut sein, kämpfen, die Mädchen beeindrucken, dürfen nicht weinen. Wir haben Angst, nicht mutig genug zu sein, Angst, uns prügeln zu müssen, um zu zeigen, wer der Stärkere ist, Angst, nicht der Stärkere zu sein. Wenn wir erwachsen sind, haben wir Angst, keinen Steifen zu bekommen, wenn es darauf ankommt. Angst, zu versagen, Angst, gedemütigt zu werden. Nein, du kannst es mir glauben, es ist schrecklich, den Jungen zu spielen.«

Zurück in Rouen leihe ich mir während meiner sieben Tage Bedenkzeit in der Bibliothek Bücher über Feminismus aus. Ich liege ganze Nachmittage lang im Morgenmantel auf der Wohnzimmercouch und lese. »Gib dir mal einen Ruck, du siehst ja aus, als wärst du schwanger«, scherzt meine Mutter. Ich starre auf die Seite meines Buches. Die Frauenrechtlerinnen zu Beginn der zweiten Welle – das ist kaum mehr als fünf, sechs Jahre her – beschreiben die Heftigkeit der Reaktionen. Verbale und physische Angriffe, Bedrohungen am Arbeitsplatz, in der Familie, in der Gesellschaft. Sie werden als Schlampen, Lesben und frustrierte Zicken bezeichnet. »Kennt ihr den Unterschied zwischen einer Frau und einem Pferd?«, fragt ein Passant in einer Filmreportage über eine Demonstration für Frauenrechte. »Es gibt keinen, man muss nur wissen, wie man sie besteigt.« Ich erkenne den väterlichen Humor, der mir plötzlich plump vorkommt, trotzdem muss ich schmunzeln.

Ich habe mich nicht für eine Vollnarkose entschieden, erstens, weil ich noch am selben Tag die Klinik verlassen will, zweitens, weil es ein bisschen billiger ist (Daniel streckt mir das Geld vor), außerdem mag ich es nicht, von mir selbst abwesend zu sein (und wenn ich während der Operation sterbe?). »Es wird wehtun«, warnt mich der Arzt. »Der Schmerz gleicht dem bei einer Entbindung. Was Ihnen natürlich nicht viel sagt, ich weiß. Mir übrigens auch nicht.« Ob du das Leben schenkst oder darauf verzichtest, es ist derselbe Schmerz, denke ich erstaunt. Es ist ein Akt der Einsamkeit.

Der Arzt, der seine Instrumente vorbereitet, fragt mich, was ich studiere. Mit den Füßen in den Beinstützen erkläre ich ihm, dass ich nach dem Abitur vorhabe, Sprachen zu studieren mit dem Ziel, Dolmetscherin zu werden. Ich füge hinzu, dass ich eine Leidenschaft für das Theater habe, dass ich in *Die Schule der Frauen* von Molière mitgespielt habe, ich erzähle ihm die Geschichte von Agnès, falls seine Schulerinnerungen zu vage sind. »Aber«, sage ich voller Begeisterung, »mein Traum wäre …« – »Gut, jetzt sollten Sie nicht mehr sprechen«, unterbricht er mich, »es geht los.« Ich verstumme. Ich schäme mich für meinen Redeschwall: Immer muss ich mich interessant machen.

Danach liege ich ein paar Stunden zwischen anderen Frauen, die ebenfalls einen Schwangerschaftsabbruch hinter sich haben. Zwei von ihnen weinen. Die Krankenschwester kümmert sich um sie, dann setzt sich der Arzt an ihr Bett, tröstet sie und versucht, sie zum Lachen zu bringen. Ich spüre keine besondere Emotion, ich bin gefühlsleer, ohne Gedanken und ohne Schmerzen. Man fragt mich, ob ich abgeholt werde. Ich sage Ja. Draußen zünde ich mir als Erstes eine Zigarette an, gehe rauchend weiter, selbst in Paris schauen mich Frauen von der Seite an. Die Anonymität in der Menge der überfüllten U-Bahn auf dem Weg zurück zu Daniel, bei dem ich die Nacht verbringen werde, tut mir gut. Was ist geschehen? Nichts. Ich bin eine abstrakte Entität unter vielen anderen. Alle diese aneinandergepressten Körper bilden nur noch einen kompakten, indifferenten Block. Keine Sachkunde weit und breit.

Daniel drückt mir durch die Sprechanlage die Tür auf und fragt »Alles klar?«. Ich steige die drei Stockwerke hinauf, betrete die Wohnung, er hört Jefferson Airplane, *Don't you want somebody to love, don't you need somebody to love.* »Nostalgie, Nostalgie«, sage ich und ziehe meinen Mantel aus. Ich hänge ihn im Flur an den Kleiderhaken, und in der Dunkelheit sehe ich einen weißen Klecks, der bis zum Saum hinuntertropft. Ich lege meine Hand darauf und ziehe sie sofort zurück. Es ist Sperma.

II

»Es ist ein Junge.

Hier. Schauen Sie. Sehen Sie es?«

Du siehst es. Du blickst gebannt auf das unmerkliche Schlängeln zwischen den Schenkeln auf dem flimmernden Bildschirm. Ja, du siehst etwas. Da ist etwas. Christian, dein Mann, hat Tränen in den Augen, er scheint stolz zu sein – mehr auf sich als auf dich, wenn du genau hinsiehst, aber du siehst nicht hin. Das gilt im Übrigen auch für dich: Du kannst es nicht fassen, du hast einen *Jungen* in dir drin. Dieses Wort ist dein Triumph. Du hast ein Geschlecht hervorgebracht, das nicht das deine ist, du bist mächtig, es ist der Wahnsinn, man muss es sehen, um es zu glauben. Deine Schwester Claude hat zwei Mädchen bekommen, ihr Mann hatte bereits einen Jungen – aber ein Patchworkjunge, das ist nicht dasselbe; und außerdem leben sie in Kanada und kommen nie wieder zurück. Du bist hier in Rouen, du wirst in der Stadt entbinden, in der du geboren wurdest. Wie sich dein Vater freuen wird, du denkst sofort an ihn, an seine Hoffnung, die du endlich erfüllst, nur um ein Grad versetzt: Er wird nicht der Vater, dafür aber der Großvater eines Jungen sein; du schenkst ihm einen Enkelsohn, ein Kerlchen. Du stellst dir vor, wie er ihn in den Armen hält. Er hat die Autorennbahn aus deiner Kindheit aufbewahrt. Du weißt es, du hast sie in der Garage ganz oben im Schrank gesehen, du hast deinen Augen nicht getraut, nach so langer Zeit! Er hat sie sogar beim Umzug mitgenommen. Jetzt wird er sie herunterholen können, neue Batterien einlegen und auf dem Wohnzimmerteppich aufbauen. Du wirst deinen Vater glücklich machen – ist auch langsam an der Zeit.

Und er ist es. Er betrachtet das Ultraschallbild, das du ihm mitgebracht hast, zwinkert: »Wusste ich doch, dass du Eier hast, mein Mädchen.« Ihr lacht. Dieses Paradox berauscht dich, und es spielt keine Rolle, dass du nicht die Erste bist. Du erwartest einen Jungen: ein glückliches Ereignis. Du fühlst dich unbesiegbar, du streckst gewichtig deinen Bauch heraus, der Dickklops löst nur noch Respekt aus. »Ich möchte darauf hinweisen«, scherzt Christian, als ihr wieder allein seid, »dass ihr es vor allem mir zu verdanken habt, wenn ihr zwei euch gefunden habt.« Und er zeigt dir eine Seite aus einem Elternmagazin, die er im Wartezimmer der Ärztin herausgerissen hat: »Auch die Qualität des Geschlechtsverkehrs hat einen Einfluss auf das Geschlecht des Babys. Der Orgasmus einer Frau verursacht zahlreiche Kontraktionen in der Vagina, die es den schnellsten männlichen Spermien erlauben, die Eizelle noch rascher zu erreichen. Im Gegensatz dazu kann das Ausbleiben des Orgasmus die Empfängnis eines Mädchens begünstigen.« »Dank wem also?« Ihr lacht, ach ja, Jungs rennen schneller als Mädchen, und du schmiegst dich zärtlich an ihn, »aber natürlich ist es dein Werk, mein Liebster« (mit freundlicher Unterstützung der vierzig Räuber, die dich in deiner Vorstellung gewaltsam in Ali Babas Höhle entführt haben, doch jetzt, bei deiner Freude, haben sie nichts zu suchen).

Wider jede Erwartung – Mysterium Paarbeziehung – sind deine Eltern immer noch zusammen. André hatte sich, als seine Frau seinen zweiten Sohn zur Welt brachte, entschieden, bei ihr zu bleiben, dein Vater mag die Küche deiner Mutter, und sie hat bei der Erneuerung des Ehevertrags einzig den Kauf von zwei Einzelbetten zur Bedingung gemacht. »Du musst glücklich sein, einen Jungen zu bekommen«, sagt dein Vater zu Christian. Deine Mutter gibt sich moderater: »Die Hauptsache ist, dass alles gut geht. Mädchen sind auch gut. Der Beweis«, sagt sie und tätschelt deinen Arm. »Meine beiden Töchter sind das Beste, was ich in meinem Leben zustande gebracht habe.« Sie scheint etwas abwesend, vielleicht muss sie an Gaëlle denken. Und du musst an die Ternes-Klinik vor langer Zeit denken, als du keine Kinder wolltest. In den ersten Jahren danach hast du dich immer wieder gefragt, ob es wohl ein Junge oder ein Mädchen war. Aber du wolltest ihm nie ein Gesicht geben, ihm kein Leben einhauchen. Jetzt kannst du es vergessen. Du bist verheiratet, du heißt nicht mehr Barraqué, sondern Charpentier, Laurence Charpentier, so viel wie Laurence »Zimmermann«. Der Zufall hat dir einen Streich gespielt, du bist noch immer das Anhängsel eines Mannes, fühlst dich noch immer in der Schwebe, unentschieden (du kannst dich ja schlecht Laurence Zimmerfrau oder Frau Zimmermännin nennen). Du hast Christian auf einer Party in Paris kennengelernt, er ist Ingenieur und hat an derselben Eliteschule studiert wie dein Großvater, er spielt Tennis, wie deine Mutter früher, und er hat auf dem Flughafen von Rouen gerade seine Pilotenlizenz erlangt. Obwohl er Naturwissenschaftler ist, konnte er dir am ersten Abend ein Gedicht von Ronsard vortragen, *Mignonne, Lass uns sehen, ob die Rose,* was dir gefallen hat. Es ist alles etwas schnell gegangen, und manchmal erklärst du lachend, du hättest das Versprechen einlösen wollen, das du deiner Großmutter gegeben hast, nicht den Hut der Heiligen Katharina aufsetzen zu müssen. Du lachst, aber leider stimmt es: Du hast zwei Wochen vor deinem fünfundzwanzigsten Geburtstag geheiratet, um nicht als »altes Mädchen« zu enden. In den ersten Jahren nach der Heirat seid ihr viel gereist und habt das Leben genossen, ohne das Bedürfnis zu haben, eine Familie zu gründen. Während deines Sprachstudiums hast du versucht, ein Theaterstück zu schreiben und sogar einen Roman, aber du hast es schließlich aufgegeben, du dachtest, du hättest nicht genug Talent, oder dass dein Talent darin besteht, dich in den Dienst anderer zu stellen. Christian ist groß, dunkelhaarig, viril und vier Jahre älter als du, du liebst ihn. Ihr versteht euch gut, streitet euch selten. Nur einmal hat er dir eine solche Ohrfeige verpasst, dass dir beinahe der Kopf von der Schulter geflogen ist, und als du dein Gehirn unter den Schädelknochen zittern fühltest, dachtest du, dass alles aus ist zwischen euch. Du hattest eine Netzhautablösung, musstest dich einer Laseroperation unterziehen. Der Schmerz im Nacken hielt noch eine ganze Weile an, doch du hast ihm vergeben, im Übrigen warst du ein bisschen selbst schuld, du hattest in seiner Brieftasche gestöbert, um deine Eifersucht zu nähren. Kurz nach deinem Studium seid ihr nach Rouen zurückgekehrt, weil das Leben in der Provinz billiger ist und dein Mann sich wohler fühlt, deine Eltern in der Nähe zu wissen, wenn er unterwegs ist. Hättest du darüber nachgedacht, hättest du wahrscheinlich festgestellt, dass du genau das Leben führst, von dem Jérôme immer gesprochen hat und das du spöttisch als das eines Heimchens bezeichnet hast. Du bist dreisprachige Dolmetscherin und Übersetzerin – ihr habt beschlossen, dass du von nun an hauptsächlich Übersetzungen machst, um das Reisen zu vermeiden und zu Hause zu bleiben, damit du dich ums Baby kümmern kannst, euren Sohn, euren Erstgeborenen.

Frau Doktor Dubecq, deine Frauenärztin, hätte es vorgezogen, dass du beim Ultraschall im fünften Monat nicht wissen wolltest, ob es ein Junge oder ein Mädchen ist. Ihrer Erfahrung nach ist die Entbindung, wenn das Geschlecht nicht dem Wunsch der Eltern entspricht, schwieriger, man muss öfter eine PDA oder sogar einen Kaiserschnitt vornehmen, als gäbe es einen unbewussten Widerstand. Aber hier, na ja, es ist gut, du hast, was du wolltest. Außerdem hast du keinen besonderen Wunsch geäußert; nach kurzem Zögern hast du dich nicht einmal an die empfohlene Diät gehalten, um das Geschlecht des Kindes zu beeinflussen. Sie kann sich also in den Wochen danach ohne Vorbehalt zu den Proportionen des Babys äußern. »Na, meine Große, das wird mal ein

Rugbyspieler, ein Pfeiler«, sagt sie, und du lächelst selig, du bist nicht überrascht, du bedauerst nur, dass du keinen Großvater mehr hast, dem du es erzählen kannst. Ja, er wird Rugby spielen, versprichst du dir im Stillen, aber er wird Flügelspieler sein, wie sein Urgroßvater, das ist nicht so gefährlich wie Pfeiler. Christian wäre es lieber, wenn der Kleine boxen würde, er sieht sich schon mit ihm in den Sandsack schlagen, den er in der Garage an die Decke gehängt hat; gut aussehend, groß und wendig, und wenn er im Ring steht, wird er bereits einen Schnurrbart haben. Und natürlich wird er auch fliegen. Bleibt nur noch, einen Namen zu finden für den künftigen Co-Piloten. Ihr fangt an, mit ihm zu reden, legt das Ohr an deinen Bauch, um herauszufinden, was er selbst dazu meint – Tristan? Gabriel? Nicolas? –, und er antwortet euch im Morsecode wie in *Der geheimnisvolle Stern* von Tim und Struppi: jedes Mal etwas anderes. Ihr drängt euch zu dritt um deinen Bauchnabel herum, trommelnde Kaninchen in einem Bilderbuch. »Hektor geht gar nicht für einen zukünftigen Flieger«, sagt dein Mann eines Tages, »am Heck ist kein Tor. Dann schon lieber Fausto, das ist gut für einen Boxer.« Du lachst. »Das stimmt«, sagst du. Insgeheim, ohne es dir einzugestehen, möchtest du keinen Namen, der nicht eindeutig entscheidet zwischen Junge und Mädchen. Bei Gabriel oder Raphael hört man »elle« heraus, »sie«. Genau wie bei Gaël, denkst du. Nein, du willst einen wirklich männlichen Namen, oder noch besser, einen Namen, der keine weibliche Entsprechung hat – Jérôme, Thierry, Hugo, Arthur, damit die Sache ein für alle Mal klar ist. »Du spinnst. Dein Sohn macht dich verrückt«, sagt Christian, und du liebst es, wenn er »dein Sohn« sagt.

Du bist im siebten Monat, als deine Eltern dich besuchen, weil sie dir etwas Wichtiges zu sagen haben. Folgendes, deinem Vater ist ein schlechter Ruf zu Ohren gekommen über eine Kollegin, Doktor Dubecq, deine Frauenärztin. Es hat sich herausgestellt, dass sie mehrmals betrunken in der Klinik auftauchte, in der sie praktiziert, und nicht in der Lage war, das Kind ordnungsgemäß zu entbinden, geschweige denn zu operieren, es musste in aller Eile ein Kollege eingreifen, und mit kaum vierzig Jahren fehlt es ihr bestimmt auch an Erfahrung, sie kann die Nerven verlieren, und wenn sie dann auch noch ihre Tage hat, kurz gesagt, »Dubecq, das stinkt«, sagt er. Du bist kreidebleich, dir ist nicht zum Lachen zumute. Was soll jetzt aus dir werden? Du bist mit deiner Frauenärztin immer zufrieden gewesen, auch wenn du sie erst seit drei Jahren kennst. Sie hört zu, ist sympathisch, nennt dich manchmal »meine Große«. Vor ihr warst du bei Doktor Bonnard, aber er ist genau wie dein Großvater im Alter von dreiundsechzig Jahren an einem Herzinfarkt gestorben. Er war ziemlich eigen als Arzt, er schien noch nicht aus dem Studentenalter herausgekommen zu sein, er entließ dich nie ohne einen schmutzigen Witz, über den du lachtest, wahrscheinlich, weil er dich an deinen Vater erinnerte. Er war auch Sexualtherapeut und machte sich für das Erblühen des Paares durch die körperlichen Freuden stark, wie aus den Broschüren auf seinem Schreibtisch hervorging. Seine Sekretärin war seine Frau, eine harsche Person, nicht gerade eine Werbung für seine therapeutischen Fähigkeiten. Du hast dich gehütet, ihn in dieser Angelegenheit zu konsultieren, obwohl er dich darauf angesprochen hatte, fragte, ob du zu deinem Ehemann *lieb* seist, ob du dir *Mühe* gebest. Du hast ihm nicht geantwortet, ihn aber auch nicht gestoppt. »Kennen Sie den von den beiden Blondinen, die mitten in der Pampa aus einem Nachtclub kommen? Sie sind betrunken, weit weg von zu Hause, und haben niemanden, der sie nach Hause fährt, und so beginnen sie, die Straße entlangzugehen. Plötzlich bleibt eine von ihnen stehen, ihre Freundin ist nicht mehr neben ihr. Sie hält in der Dunkelheit nach ihr Ausschau und sieht sie schließlich auf einer Wiese neben einer Kuh knien, an deren Euter sie mit großer Beflissenheit saugt. ›Was zum Teufel machst du da?‹, fragt die Erste. ›Hör zu‹, sagt die andere, ›ich habe es satt zu laufen, und von den vieren wird doch wohl einer ein Auto haben.‹« Du lachtest nur, um ihm zu gefallen, denn du hattest dir angewöhnt, den anderen zu gefallen, und weil du dein Rezept brauchtest. Einmal hatte er die Untersuchungsergebnisse für dich nicht rechtzeitig erhalten und rief im Labor an, und während er auf die Verbindung wartete, betrachtete er dich, wie du mit gespreizten Beinen unter der Operationslampe lagst, in der Position, die er von dir verlangt hatte. »Gut, und was mache ich jetzt? Meine Patientin wartet mit dem Spekulum im Arsch!«, donnerte er, ohne viel Rücksicht auf die Anatomie, in den Hörer, »ja, der Kurier, gut, er wird in fünf Minuten hier sein, aber wie sollen wir zwei uns bis dahin die Zeit vertreiben?«, zwinkerte er dir zu, du brachtest ein müdes Lächeln auf. Du hattest nichts dagegen, als schließlich eine Frau seine Praxis übernahm, bei der du dich nicht verpflichtet fühlst, kumpelhaft zu sein. Und jetzt sollst du schon wieder wechseln, mitten in der Schwangerschaft? Und wenn das Unglück bringt? Seit du schwanger bist, bist du anfällig für Aberglauben.

»Zum Glück habe ich eine Lösung«, sagt dein Vater und nimmt deine Hand. »Setz dich hin, ich erkläre es dir.« Du setzt dich, ziehst deine Hand zurück – du magst deinen Vater, aber du erträgst seine Berührung nicht. Dir graut schon allein beim Anblick der fleckigen Haut, du klemmst Zähne und Beine zusammen, dein Abscheu ist instinktiv, wie der vor Kakerlaken und Spinnen, du schaffst es, ihn zu verbergen, aber du spürst ihn, also wendest du deinen Blick von den Altersflecken ab, die deine Großmutter »Friedhofsblümchen« nannte – wenn du sie ansiehst, bist du diejenige, die stirbt, ist es dein Sarg, der mit ihnen bestreut wird. Dein Vater hat also einen Ersatz gefunden, den Doktor Hailer. Charles Hailer. »Eine Berufung, wie du siehst, ein Name, der Vertrauen einflößt, auch wenn eine Schwangerschaft natürlich keine Krankheit ist, Liebes«, fügt deine Mutter hinzu. Deine Eltern sind gut bekannt mit seinem Vater, Robert Hailer, inzwischen im Ruhestand, langjähriger Gynäkologe in der Klinik Sainte-Agathe, und sie kennen auch Charles, weil dein Vater ihn mehrmals als Urlaubsvertretung in seiner Praxis eingestellt hat, ein bemerkenswerter Bursche, ehemaliger Assistenzarzt in Lille, nach Rouen zurückgekehrt, um die Nachfolge seines Vaters anzutreten – kurzum, ein brillanter Junge, schließen sie, ja, ja, ein bemerkenswerter Junge. »Mit ihm riskierst du nichts, da kannst du mit geschlossenen Augen hingehen«, sagt dein Vater. »Und dazu ist er auch noch hübsch, du wirst sehen«, fügt deine Mutter hinzu. »Das kann ebenfalls nicht schaden.«

Es ist eine höchst unwillkommene Überraschung, im siebten Monat deiner Schwangerschaft zu einem Arzt gehen zu müssen, den du nicht kennst – und welche Lüge wirst du deiner Frauenärztin auftischen? Aber hast du eine andere Wahl?

Doktor Charles Hailer ist von hochmütiger, abweisender Art, was etwas abgemildert wird durch die Tatsache, dass du die Tochter von Doktor Barraqué bist. Was ihn aber nicht daran hindert, dich als ahnungslose Nullipara zu sehen, die mit ihren ängstlichen Fragen nervt: Ist das Baby auch nicht zu groß? Wird ein Kaiserschnitt notwendig sein? Wie funktioniert die PDA? Zunächst einmal geht es nicht um die Ausmaße des *Fötus,* sondern um deine. Es ist an der Zeit, dass du eine Diät machst. Zweitens: Der Kaiserschnitt ist etwas für Drückeberger, für bequeme Kollegen, die es eilig haben, in den Feierabend zu kommen. Er hat schon viel größere als deins auf natürlichem Weg herausgeholt. Die Natur ist das einzig Wahre, die Frauen neigen dazu, das zu vergessen. Auch der Schmerz ist natürlich. Deshalb schlägt er selbst eine Epiduralanästhesie nur ungern vor, die außerdem für die Gebärenden oft eine Enttäuschung darstellt: Will man am schönsten Tag seines Lebens wirklich abwesend sein? Im Allgemeinen bereuen es die Frauen danach: Schließlich werden sie im Leben nicht so viele andere Möglichkeiten haben, um ein bisschen Mut unter Beweis zu stellen, nicht wahr?

»Er hat gesagt: der Fötus.« Abends am Telefon bist du den Tränen nah. »Ich habe das Baby gesagt, und er hat mich korrigiert.« Der Vater wird ärgerlich: »Ach, immer gerade so, wie es euch passt, euch Frauen! Wenn ihr abtreiben wollt, ist euch das Wort Fötus gut und recht. *Embryo*, *Ei*, alles ist euch recht. Und dann hopp, auf einmal ist es das *Baby*.« Doch als du nervös aufschluchzt, beruhigt er sich – die schwangere Frau ist verletzlicher als die normale Frau, so steht es im Handbuch für Erstsemester –, seine Stimme lächelt: »Pass auf, Laurence, ich erkläre es dir. *Fötus* ist der richtige Begriff, es ist der Fachausdruck. Das Wort schockiert dich, weil du nicht vom Fach bist, aber für einen kompetenten Arzt ist das normal.«

Du gehst mit deiner Mutter shoppen, ihr kauft hellblaue Wolle für die Babyausstattung, sie schenkt dir einen weißen Strampler. »Weißt du«, sagt sie nachdenklich, während ihr an der Kasse wartet, »manchmal denke ich, dass alles einfacher gewesen wäre, wenn ich einen Jungen bekommen hätte. Dein Vater hätte sich so sehr gefreut, so sehr … Vielleicht hätte er mich mit einem Jungen mehr geliebt. Bestimmt.«

Mehr als zwei Wochen vor dem Termin bekommst du heftige Wehen, eine blasse Flüssigkeit läuft dir die Beine hinunter. Christian ist bis Ende der Woche in Chicago. Es ist sieben Uhr morgens und noch dunkel. Du rufst deine Mutter an, die dich in die Sainte-Agathe-Klinik bringt, in der du vor fünfunddreißig Jahren geboren wurdest. »Ach, ich mag diesen Ort nicht«, sagt sie, als ihr die Eingangshalle betretet. Dir ist heiß, du hast Angst, du gehörst nicht zu den glücklichen Erinnerungen, aber du hast nur eines im Kopf: das Datum. Das Geburtstagsdatum deines Sohnes. Das heutige Datum. Mein Sohn, wiederholst du, du schaukelst das Wort in der Wiege deines Schädels. Mein Sohn. Wie seltsam es ist, ein Wort zu sagen, das du noch nie ausgesprochen hast. Auch Worte sind Neugeborene.

Dir ist heiß, weil du neununddreißig Grad Fieber hast. Auf dem Monitor ist der Herzschlag deines Babys zu sehen, was dich beruhigt, denn du hast die letzten zwei oder drei Tage nicht mehr gespürt, dass es sich bewegt. »Das liegt daran, dass es so groß ist, es hat keinen Platz mehr«, hat dein Vater erklärt. Die Hebammen der Sainte-Agathe-Klinik sind jetzt weltliche – Schwester Catherine, die dich geboren hat, ist schon lange tot. Sie tragen keine Flügelhauben, sondern rosarote Kopfbedeckungen, es herrscht ein Kommen und Gehen, weil gerade die Nachtschicht zu Ende ist. Sie bringen dich in den Kreißsaal, deine Mutter geht hinunter, um die Formulare auszufüllen und deinen Mann anzurufen. Du bleibst allein, Chicago–Rouen, das ist weit, Christian wird zu spät kommen. Du hast Schmerzen, du weißt nicht mehr, ob ihr euch für Gilles oder Arthur entschieden hattet, bevor er abgereist ist. In der Zwischenzeit hat die Hebamme der Frühschicht Doktor Hailer benachrichtigt, dass du Fieber hast, vermutlich eine Infektion. Sie wartet auf seine Anweisungen. »Ich komme«, sagt er.

Die Wahrheit ist, dass Doktor Hailer noch im Bett liegt und diese Nachricht ihm nicht in den Kram passt. Es ist Montag, und wenn du so vernünftig gewesen wärst, am Tag zuvor zu entbinden, hätte er nichts zu entscheiden gehabt, er war nicht im Dienst. Jetzt hingegen hört er aus der Stimme von Roselyne, der Hebamme, eine gewisse Dringlichkeit heraus. Das gefällt ihm gar nicht, das entspricht nicht seinem Charakter. Er entscheidet nicht gerne, er ist es nicht gewöhnt. Er hat Medizin studiert, weil sein Vater ihn dazu gedrängt hat; er träumte davon, in die weite Welt hinauszugehen, Pflanzen zu sammeln, Parfüms zu kreieren. Als Kind pflückte er Blumen im Garten, zerstieß sie zusammen mit Kräutern, um ihren Duft aufzuschließen, und schmierte sie seiner Mutter an den Hals. Und jetzt muss er zu dem Geruch von Blut, Scheiße und Äther zurück, der sein Leben umgibt. Also steigt er aus dem Bett, setzt die Kaffeekanne auf und schaltet das Radio ein, hört die Nachrichten, den Wetterbericht – in der Normandie wird es schneien und streicht sich eine dritte Scheibe Brot. Dann nimmt er eine ausgiebige Dusche, zieht sich an, zögert zwischen mehreren Krawatten, ruft seine Ex-Frau zurück, die ihm eine kurz angebundene Nachricht hinterlassen hat bezüglich der Ausgleichszahlung. Am ersten Tag seines Medizinstudiums vor fünfzehn Jahren hatte Professor Gaubert, eine Koryphäe und ein guter Freund seines Vaters, seine Vorlesung mit den Worten begonnen: »Einen schönen guten Morgen. Sie begeben sich heute auf eine lange Reise, die Sie der Erfüllung Ihrer teuersten Hoffnungen näherbringen soll. Wie Sie wissen, herrscht ein äußerst strenges Auswahlverfahren, und ich möchte Sie auf die neuesten Statistiken hinweisen: Nur vierzehn Prozent der Studenten in dieser Aula werden Ärzte werden. Aber Sie, meine Damen, kann ich beruhigen: Mit etwas Ausdauer werden mehr als fünfzig Prozent von Ihnen Arztfrauen werden.« Alle haben gelacht, bis auf ein paar Spaßbremsen. Aber er hätte die Botschaft hören sollen; seine Uneinsichtigkeit ist ihn teuer zu stehen gekommen. Könnte er es sagen, ohne seiner Karriere zu schaden, würde er zugeben, dass er Frauen nicht besonders mag. Er versteht sie nicht. Was wollen sie eigentlich? Liebe, Geld, Sicherheit, Sex, Abenteuer? Es bleibt ihm ein Rätsel, aber er hat keine Lust, den Detektiv zu spielen. Manchmal ekelt er sich sogar vor ihren Dehnungsstreifen und violetten Schleimhäuten, ohne jemanden zu haben, dem er es anvertrauen kann.

Gestern hatte er wie jeden Sonntag seine Mutter zur Messe begleitet, bevor sie im Haus der Familie zu Mittag speisten – sie trug Shalimar von Guerlain, nicht sehr diskret für einen Sonntagsgottesdienst, dachte er. Sein Vater fragte ihn, wie er sich in der Sainte-Agathe-Klinik eingearbeitet habe – er praktiziert dort erst seit ein paar Monaten –, während er mit dem Handrücken die Rosette der Ehrenlegion an seinem Revers streichelte, und fing dann mit den unvermeidlichen Ratschlägen an, die er aus seinem persönlichen Erfahrungstopf schöpfte. Was Doktor Hailer ärgerlich macht, ist die Inkompetenz der Jungärzte, die eher die Rückzahlung ihrer Kredite als das Erlernen ihres Metiers im Sinn haben. Aber gibt es denn eine schönere Berufung, als Leben zu schenken? Er war es, der seinen Sohn Charles auf den Königsweg schubste und ihn dann der Klinik empfahl. Er ist ein eher schüchterner Junge, doch er wird sein Plätzchen schon finden. Auch seine Tochter ist in seine Fußstapfen getreten, sie ist Krankenschwester und mit einem Kardiologen verheiratet. Nein, die jungen Kollegen haben keine Eier in der Hose, empörte er sich einmal mehr, sie rennen sämtlichen neuen Moden hinterher, Kaiserschnitt, PDA bis zum Gehtnichtmehr. »Du wirst es doch nicht übertreiben damit, Charles, nicht wahr?«, fragte er, während er sich noch einmal von der Lammkeule nahm. »Bravo, Anne-Sophie, diese siebenstündige Lammkeule ist wirklich fantastisch.« Seine Frau lächelte und machte das Kreuzzeichen über dem Brot.

Um zehn Uhr trifft Charles Hailer auf dem Parkplatz der Klinik ein. Er begibt sich auf sein Stockwerk, streift den Kittel über, begrüßt die Hebammen auf dem Korridor und beschließt dann, erst einmal bei der einzigen Wöchnerin auf der Station vorbeizuschauen, mit der er scherzend etwas verweilt. Sie will ein Foto mit ihm und dem Baby, das letzte Woche ohne sein Zutun wie auf einer Rutschbahn herausgeflutscht ist, also stellt er sich bereitwillig hin, aber gerne, schlüpft lächelnd in die dankbare Rolle des Vaters, der er nicht ist.

Endlich betritt er mit geschäftigem Schritt den Kreißsaal, den Kittel wie von einem Windstoß über dem grauen Anzug leicht geöffnet. Es ist zehn Uhr dreißig. Du liegst schon seit drei Stunden hier, bist schweißgebadet, hast nicht gewagt, dich zu beschweren, nach Wasser zu verlangen, du willst nicht stören. Du hättest es tun sollen, Hebammen sind dafür da, erklärt er. Er fordert dich auf, deine Füße in die Beinstützen zu legen, untersucht dich, inspiziert die Kurve des Monitors. Hinter ihm lächelt dich Roselyne, die Hebamme, besorgt an: »Soll ich ihr Antibiotika geben?«, schlägt sie vor. »Wir werden sehen«, antwortet er. »Wir werden einen Kaiserschnitt machen müssen, nicht wahr?« – »Vielleicht. Wir werden sehen.« – »Aber …«, sagt sie. Er funkelt sie an und geht hinaus. Du hast Angst, du hast Schmerzen, doch das ist nicht der Moment, dich interessant zu machen; und außerdem vertraust du dem brillanten Jungen, du wirst ebenfalls einen brillanten Jungen haben, dessen Herz auf dem mit Fingerabdrücken übersäten Bildschirm schlägt wie wild. Deine Mutter ist nach Hause gegangen, man wird ihr Bescheid sagen, wenn es so weit ist. In Chicago sucht Christian nach einem Flug.

Am Mittag kommt der Arzt zurück. Du leidest mit all deiner Kraft, erträgst den edlen Schmerz der Mütter, der dir die Eingeweide zerreißt, aber du würdest doch gerne, wenn es möglich wäre, ohne dich zu beschweren oder darauf zu bestehen, eine PDA bekommen. Er winkt ab, noch während du sprichst, nein, nein, das ist nicht möglich, du würdest eine Infektion riskieren, außerdem dauert es nicht mehr lange, der Muttermund ist schon weit geöffnet, der Kopf des Fötus ist im Becken, weshalb sich auch die Frage nach einem Kaiserschnitt erübrigt. Ein bisschen Mut! Ein bisschen Geduld! Sie werden in einer Stunde vaginal entbinden, und das sind halt die Wehen.

Du entbindest drei Stunden später in Anwesenheit

der Hebamme und dreier Männer, deren Funktion du nicht kennst, man hat sie dir nicht vorgestellt, sie stehen im Kreis um dein klaffendes Geschlecht herum. Einer von ihnen trägt eine Fliege, wie lächerlich, denkst du zwischen zwei Stößen. »Machen *Sie* mal, Sie haben kleinere Hände«, sagt der Arzt plötzlich zu Roselyne, und überlässt ihr den Platz zwischen deinen Beinen. Warum wird man Gynäkologe, wenn man zu große Hände hat? Die Frage verflüchtigt sich: Dein schlecht mit Sauerstoff versorgtes Gehirn löst die Welt auf. Und schließlich spürst du, kurz bevor du das Bewusstsein verlierst (dieses Schwarz plötzlich), den Körper deines Babys lang und lautlos aus dir hinausgleiten, du nimmst jeden einzelnen Teil von ihm wahr, seinen Kopf, seine Beine, seine Fersen. Dein Sohn. Ein rosa Kleid, das du in einer Zeitschrift gesehen hast, mit Spitze an den Ärmeln, hält dich, wie auf einem Kleiderbügel, auf der Seite des Bewusstseins fest: Du wirst schön aussehen darin, mit deinem Baby im blauen Strampler aus weicher Wolle auf dem Arm. Du wirst allen ein Foto von euch beiden schicken, als Geburtsanzeige.

Während du dich selbst in dem rosa Kleid bewundert hast, sind alle verschwunden, als hätten sie die Flucht ergriffen. Kein einziges Wort war gewechselt worden. Du kommst wieder zu dir. Du bist allein und hörst nichts, seltsam, dass dein Baby nicht auf deiner Brust weint. Legt man es normalerweise nicht sofort der Mutter an die Brust? Oder sind sie es waschen, messen und wiegen gegangen? Du weißt es nicht, es ist dein erstes Kind. Deine Mutter hat es dir nicht gesagt. Dein erschöpfter Körper spannt sich an, um ein Weinen zu hören, aber nein, nichts. Niemand. Jungen weinen nicht, erinnerst du dich, vielleicht hörst du deshalb nichts.

Als das Kind draußen ist, von den Händen der Hebamme in die des Kinderarztes übergeht, weiß Doktor Hailer nicht mehr, was er tun soll. Am liebsten würde er nach Hause gehen. Wieder gibt es nichts mehr zu entscheiden, die Zukunft fällt nicht in seinen Zuständigkeitsbereich. Er schließt sich in seinem Büro ein, inhaliert Pfefferminzöl aus dem Fläschchen, das seine Schublade nie verlässt, und ruft seinen Vater an. »Ja, ein Fiasko, eine Geburt, die schiefgegangen ist. Nein, nein, völlig unvorhersehbar, ein richtiger Schlag ins Kontor: Schulterdystokie, fetale Notsituation, Anoxie. Nein, er ist nicht tot, der Kinderarzt kümmert sich um ihn, aber der Apgar-Wert ist sehr niedrig. Wir haben den Notdienst gerufen. Was? Die Mutter? Was meinst du mit ›die Mutter‹? Sie ist die Tochter von Doktor Barraqué, dem Allgemeinmediziner, du weißt schon, bei dem ich früher als Vertretung gearbeitet habe. Ja, ja, natürlich, mach ich, ich ruf dich zurück. Wie? Erstgebärende. Fünfunddreißig. Ja, du hast recht, das werde ich tun, gute Idee.«

Er kommt zurück. Der Kreißsaal ist leer, es gibt nur dich, in Wasser, in Blut. Hatte er dich vergessen? Du fragst, wie es deinem Baby geht, warum es nicht geweint hat, er sagt, dass man sich um es kümmert und dass du es bald sehen wirst. Roselyne streckt ihren Kopf zur Tür herein, sie sieht erschöpft aus, hat dunkle Augenringe und einen ausweichenden Blick, verschwindet sofort wieder, nachdem sie dem Arzt ein paar Worte ins Ohr geflüstert hat. »Ich werde Sie jetzt nähen«, kündigt er an. Mit teilnahmslosem Gesicht zieht er zwischen deinen Beinen melancholisch an der Nadel. Für einen kurzen Moment beruhigt dich diese vertraute Geste, sie erinnert dich an deine Urgroßmutter, an ihr Gesicht im Lichtkegel der Lampe. Du fühlst nichts, keinen Schmerz, du bist nur noch Auge und Ohr, Späherin, auf der Lauer. Du existierst nicht, du horchst. Ein Mann näht am Fußende deines Bettes. Er verpasst dir auf Anraten seines Vaters, Doktor Charles Hailer, den *Ehemannstich*. Er erklärt nicht, was das ist, du hast gerade andere Sorgen. Folgendes ist es: Da du ziemlich stark eingerissen bist, wird die Verengung des Scheideneingangs es deinem Partner erleichtern, sein Sexualleben wieder aufzunehmen. Du wirst es nötig haben: Da du bereits fünfunddreißig Jahre alt bist, solltest du keine Zeit verlieren, um andere Kinder zu bekommen, verstehst du?

Vielleicht würdest du es verstehen, wenn er dir erklären würde, dass er es für dich tut. Dass er sonst nichts mehr für dich tun kann.

Eine Frau in Weiß steht plötzlich an deinem Bett. Sie stellt sich vor, sie ist Kinderärztin im Allgemeinkrankenhaus von Rouen. Sie gehört zum Team des Rettungsdiensts, der von der Klinik Sainte-Agathe gerufen wurde, um dein Baby zu holen. Sie beugt sich über dich wie über eine Wiege und spricht ganz nah bei dir, ihr Gesicht berührt deins fast, du siehst die erweiterten Poren auf ihrer Haut, die dunklen Ringe um die Augen, ihre Müdigkeit und ihre Jugend. Sie nimmt deine Hand, und mit der anderen streichelt sie deine Stirn, deine vom Schweiß verklebten Haare. Ihre Stimme ist sanft. »Ich werde Ihr Baby mitnehmen – es ist ein Junge, wussten Sie das? Es geht ihm nicht gut, er hat lange gebraucht, um zu atmen. Wir werden alles tun, was wir können, um ihn Ihnen bald gesund zurückzubringen. Aber die Chancen sind gering, und ich muss Ihnen leider sagen: Es ist möglich, es ist wahrscheinlich, wahrscheinlicher ist, dass Sie nicht, nun, vielleicht wird es kein Baby geben.« Sie stottert, du machst mit den Augenlidern ein Zeichen, dass du verstanden hast, du bist dankbar für die Tränen am Rand ihrer Augen, das ist alles, was du empfangen kannst, die Gabe ihrer Tränen. Sie fragt dich, wie er heißt. Du schüttelst den Kopf, du weißt nicht, wie er heißt, wirst du jemals die Gelegenheit haben, ihn beim Namen zu rufen, du möchtest, dass sie Ja sagt, aber ja, natürlich werden Sie ihn rufen, und er wird kommen, er wird aus dem Garten gerannt kommen. Sie wartet, du musst dich beeilen, du willst den gewählten Namen nicht hergeben, suchst nach einem anderen, dem Namen eines anderen Kindes, nicht den da, einen anderen, den Namen eines Kindes, das sterben kann. Sie wartet, ihre Augen sind traurig, sie nähert ihr Ohr deinem Mund, und du flüsterst, als würdest du ein Geheimnis verraten: »Tristan, Tristan«, sagst du, »Tristan«, wiederholt sie, sie nimmt den Namen und trägt ihn fort.

Minuten vergehen. Du liegst in einem Sarg aus Zeit. Dann kehrt der Mann mit der Fliege zurück. Er stellt sich neben dich, die Arme lang am Körper, wie ein Zinnsoldat. Er macht etwas wie einen Hackenschlag, steht stramm, und sagt: »Das Kind ist tot.« Du suchst seine Augen. Aber nein. Er drückt dir die Hand und geht. Du bleibst allein mit dem Satz, du erlernst ihn.

Das Kind ist tot. Um wen handelt es sich? Es hat keinen Namen, kein Geschlecht, keine Verwandtschaft. Wer ist es? Es ist das Kind, das du nicht hast.

Stunden vergehen, das Denken ist stumpf, es fröstelt und flieht. Du liegst auf dem Feld der Ehre auf einem blutigen Laken. Die vergessene Erinnerung an deine Abtreibung kehrt zurück, es war vor achtzehn Jahren, du bist nach dem Eingriff zwei oder drei Stunden allein in der Klinik geblieben, so wie jetzt, du hattest es nicht einmal Jérôme gesagt. Scham und Reue greifen nach deinem Kummer. Deine Strafe ist ohne jedes Maß. »Es tut mir so leid«, sagt die Hebamme. »Was ist passiert, mein Kind?«, fragt dein Vater mit entgleisten Gesichtszügen. Er möchte den Gynäkologen sprechen, aber am Montagnachmittag hat dieser seine Privatsprechstunden. Deine Mutter schweigt, scheint auf einem anderen zeitlichen Schauplatz. Die Worte fehlen. Am Abend bringt man dir das Esstablett. Schinken mit Hörnchennudeln, dein Lieblingsgericht als Kind. Während man mit dir spricht, »du musst essen«, beschließt dein Vater, schneidest du andächtig das Brot und den Schinken in winzige Stücke, die über den Tellerrand und vom Tablett fallen. Dein Vater und deine Mutter tauschen besorgte Blicke, als sie sehen, wie sich dein Bett mit Krümeln übersät.

Endlich kommt dein Mann ins Zimmer. Er ist grau, zittert. Als er dich in seine Arme nimmt, bricht er in Tränen aus, er drückt dich so fest, dass du erstickst, ihr schluchzt. Dann reißt er sich von dir los, geht in eine Ecke des Raumes und weint allein, an die Wand gelehnt. Du hast deinen Mann noch nie weinen sehen. Sein Schmerz ist so groß, dass dein Vater zu ihm hingeht und ihn in die Arme nimmt. »Kopf hoch«, flüstert er. Und als Christian, der in jungen Jahren seine Eltern verloren hat, sich der liebevollen Geste seines Schwiegervaters überlässt und zusammensackt, klopft er ihm auf den Rücken, »Kopf hoch, Christian«, doch das Schluchzen nimmt zu, da packt er ihn an den Schultern, »sei stark« (er duzt ihn, es ist das erste Mal, seit ihr verheiratet seid), richtet ihn auf, »komm schon, mein Junge, Kopf hoch«, stützt ihn aufrecht gegen die Wand, »sei ein Mann.«

Du siehst sie an.

Man sagt: »Sei ein Mann.« Man sagt nie: »Sei eine Frau.«

Am nächsten Tag verlässt du auf Vorschlag des Krankenhauses und gegen den Willen von Doktor Hailer die Klinik für zwei Stunden, um mit Christian zu deinem Sohn in der Leichenhalle im Keller des Universitätsklinikums zu gehen. Kaum bist du draußen, willst du wieder zurück, um ihn noch einmal an dich zu drücken, ein allerletztes Mal, um ihm etwas ins Ohr zu flüstern, aber sie lassen dich nicht mehr hinein, du bleibst draußen, an die Glastür gepresst, hinter der ein Angestellter dir mit dem Finger Nein bedeutet. Zwei Tage später, am

Morgen der Beerdigung, verlässt du die Entbindungsstation, wo du dich inmitten von weinenden Neugeborenen und lachenden Müttern hättest erholen sollen. »Sie müssen sich *erholen*«, hat der Arzt gesagt, offenbar um deine Gesundheit besorgt. »Sie sind noch schwach, Sie sollten nicht aufstehen.« Schließlich willigt er ein, dich gehen zu lassen. Er lässt dich ein Formular ausfüllen, dass du die Klinik auf eigenen Wunsch vorzeitig verlässt, und er schaut dir beim Unterschreiben zu.

Christian holt dich nicht ab, er wollte bei der Sargschließung dabei sein, doch deine Eltern warten in der Eingangshalle der Sainte-Agathe-Klinik auf dich, um mit dir zum Friedhof zu fahren. Sie sitzen auf Plastikstühlen, mit dem Rücken zu dir, hören dich nicht kommen. »Der Ärmste, er muss sich schrecklich fühlen«, sagt dein Vater. Du bleibst stehen. Sie sprechen von deinem Mann, denkst du, es ist immer dasselbe: Selbst jetzt, in einem Moment wie diesem, kommst du an zweiter Stelle, zählst du nicht. »Seine Karriere mit einem solchen Drama zu beginnen, das ist schade, ein solch brillanter Junge.« – »Ja«, sagt deine Mutter, »er wollte es zu gut machen, er hat sich zu sehr unter Druck gesetzt.« – »Ich lasse ein wenig Zeit verstreichen, dann werde ich ihm schreiben. Nicht, dass er noch ein Magengeschwür bekommt wegen dieser Sache, das kann jedem passieren. Das hat er nicht verdient. Und ich werde seinen Vater anrufen.« – »Ja«, sagt deine Mutter, »das kann ihm helfen, darüber hinwegzukommen.«

Du bist wie versteinert. *Das passiert nicht jedem, das passiert mir. Mir. Mir, Laurence. Eurer Tochter. Ich bin es, die Hilfe braucht. Und ich, habe ich das etwa verdient?* Du möchtest protestieren, aber du weißt nicht, wie das geht – Protestant ist nur ein leeres Wort, das dein Vater an dich weitergegeben hat, und man hat dir nicht beigebracht, dir Gehör zu verschaffen. Du gehst rückwärts aus der Halle mit deinem Gepäck voller blauer Babywäsche, die du selbst gestrickt hast, deinem plastikumhüllten Kinderuntersuchungsbuch und dem blauen Geburtsarmband mit dem Namen Tristan. Der Tod ist ein blauer Ritter, das weißt du genau, du siehst ihn jeden Tag vorbeigaloppieren und in den Augen das Licht auslöschen.

Nach dem Friedhof, auf dem Gaëlle und Tristan nun nebeneinander in kleinen weißen Särgen ein inzestuöses Pärchen bilden, gehst du nach Hause. Dein Mann ist gleich nach der Zeremonie wieder nach Chicago geflogen, es geht um einen wichtigen Vertrag, den darf er sich nicht entgehen lassen. Abends unter der Dusche spürst du, wie sich zwischen deinen Schenkeln ein Klumpen bildet, was ist denn d…, und du gebärst in einem Schwall eine gallertartige Masse, die vor deinen Füßen auf den Boden der Badewanne klatscht. Ein Horrorfilm sucht dich heim. Du schreist, du schreist, aber du bist allein, niemand hört dich, niemand eilt herbei. Du stürzt dich nackt ans Telefon und rufst zitternd deinen Vater an: Er ist Arzt, er wird dir helfen. »Beruhige dich, mein Schatz«, sagt er, »du bist hysterisch, ich verstehe überhaupt nichts von dem, was du mir da erzählst.« Du beruhigst dich und beschreibst ihm das Ding, eine blutige, gummiartige Qualle, an den Rändern gewellt wie eine Alge.

»Das muss die Plazenta sein«, fügst du hinzu, da du nicht weißt, was es sonst sein kann. »Aber nein, so ein Quatsch«, unterbricht dich dein Vater, »das kann nicht die Plazenta sein. Das ist unmöglich.« Doch, das muss es sein (du erinnerst dich an eine Zeichnung in einem Buch, das du während der Schwangerschaft gelesen hast), »was sollte es denn sonst sein? Meine Gebärmutter, die sich verabschiedet hat?« – »Hör auf, Laurence, sei nicht dumm. Du verstehst nichts davon, siehst du. Das ist keine Plazenta, Punkt. Und beruhige dich, hör auf zu schreien.« – »Aber was ist es dann?«, schreist du. »Das weiß ich nicht, aber es ist nicht die Plazenta, das ist klar. Leg es in Salzwasser, ich komme.«

Zwanzig Minuten später ist er bei dir. Du hast die Gelatine in ein Glas gelegt, du zitterst am ganzen Körper. Er hebt das Gefäß auf Augenhöhe. »Genau wie ich sagte, das ist keine Plazenta, das ist, das sind …« Er sucht nach Worten. »Das sind banale Zotten, das ist …« »Das sind was?« Du schlingst die Arme um deine Taille. »Ich werde dir jetzt keinen medizinischen Vortrag halten, mein armes Kleines, das wäre zu kompliziert. Aber es ist nichts, mach dir keine Sorgen, es ist alles normal. Du lässt dir morgen von einer Hebamme die Gebärmutter untersuchen, und das war's. Sieht immer alles schlimmer aus, als es ist, na«, sagt er und schraubt den Deckel ab. Und bevor du weitere Fragen stellen kannst, schüttet er den Inhalt in die Toilette und drückt den Spülknopf, »los, weg damit«.

»Es war ein Stück Plazenta, kein Zweifel«, erklärt er am selben Abend Doktor Hailer senior. »Und zwar ein beachtliches Stück. Ich weiß nicht, was da los war, aber Ihr Sohn Charles hat bei der Entbindung meiner Tochter überhaupt nichts auf die Reihe bekommen: Er hat sich geweigert, einen Kaiserschnitt durchzuführen, obwohl es nötig war, und selbst danach, er hat nicht einmal kontrolliert, ob die Nachgeburt vollständig abgegangen ist. Was für ein Fehler! So was passiert nicht einmal einem Anfänger!« – »Ich, ja, das verstehe ich nicht. Er muss von dem Drama ergriffen gewesen sein, er muss völlig den Kopf verloren haben.« – »Zum Glück ist meine Tochter aufgestanden, um zur Beerdigung ihres Kleinen zu gehen, denn wenn sie im Bett geblieben wäre, wäre das Teil in der Gebärmutter geblieben, sie hätte eine Septikämie bekommen können, oder noch schlimmer … Ist Ihnen das eigentlich klar?« – »Es tut mir wirklich leid … Wird sie, ich meine, will sie, Anzeige erstatten?« – »Nein, was das betrifft, ist alles geklärt, es wird keine Konsequenzen haben. Mein Schwiegersohn will ein Gutachten anfordern, aber die Plazenta wird nicht erwähnt werden, keine Sorge. Nicht einmal die Ärztekammer wird etwas davon erfahren.« – »Ich danke Ihnen sehr, lieber Kollege, Ihr Verständnis ehrt Sie. Ich weiß nicht, wie ich Ihnen …« – »Das wird uns den Kleinen auch nicht zurückbringen. Ich tue es für Ihren Sohn: Er ist ein brillanter Junge, er wird sich schon noch einfuchsen, man muss ihm eine Chance geben.«

Dein Vater legt auf. Auch er ist erleichtert, dieses Opfer beruhigt sein Gewissen. Wäre es bis zur Ärztekammer gelangt, wer weiß, was noch alles rausgekommen wäre. Er hatte zwei Monate zuvor, als er mit deiner

Mutter im Rathauspark spazieren ging, Charles Hailer getroffen, seine ehemalige Vertretung. Sie freuten sich, einander wiederzusehen, deine Mutter fand ihn groß und gut aussehend, noch immer ein hübscher Junge, sie tauschten Neuigkeiten aus. Charles erzählte ihnen, er habe sich gerade als Gynäkologe niedergelassen, habe noch nicht viele Patientinnen, hoffe aber, dass sein Stamm bald wachsen würde, da er vor Kurzem geschieden worden sei und viele Unkosten habe. Sie hätten ihm gerne geholfen, diesem vielversprechenden Jungen, ihm etwas unter die Arme gegriffen und ihm ihre Tochter anvertraut. Aber es war heikel, vielleicht würdest du das nicht wollen, man musste einen Weg finden. Wie im Märchen vom Däumling heckten sie noch am selben Abend am Wohnzimmertisch den Verrat aus. Aber anders als im Märchen warst du nicht hinter der Tür versteckt, du hast also nicht gehört, wie sie nach einem Mittel suchten, dich zu verlieren, du warst nicht da, als sie beschlossen, dir zu sagen, deine Frauenärztin sei Alkoholikerin.

Vierzehn Tage später seid ihr abends bei deinen Eltern zum Essen, Christian und du. Deine Mutter ist schon schlafen gegangen. Ihr bleibt zu dritt im Wohnzimmer, im Hintergrund läuft der Fernseher, trinkt einen Whisky. »Ich habe nachgedacht«, sagt dein Mann plötzlich und starrt den Boden seines Glases an wie einen Feind. »Ich habe nachgedacht, wie ich ihn umbringen kann.« – »Wen umbringen?« Du schaust ihn an – seine beinahe schwarzen Augenringe, sein verkrampfter Kiefer. »Ihn.

Den Arsch.« Du und dein Vater tauscht einen Blick. »Ohne erwischt zu werden natürlich«, fügt er mit starrem Blick hinzu, als könnte dich diese Präzision beruhigen. »Ich gehe nicht auch noch in den Knast für diesen Scheißkerl, das fehlte noch.« Er schweigt einen Moment; der Geschmack des Alkohols erregt ihn, und der Kummer findet etwas Linderung in seinem Hass und seiner Fantasie. »Wenn ich ihn zum Beispiel in seiner Praxis umlege (ich kann warten, bis seine Sekretärin gegangen ist), fahre ich sofort zum Flugplatz und fliege, sagen wir, nach Hyères oder Ajaccio, und so habe ich ein Alibi.« Du bist völlig entgeistert. Du suchst nach einer Antwort, als dein Vater sagt: »Aber nein, Sie hätten kein Alibi, Christian« (seit dem Tag der Beerdigung benutzt er wieder die förmliche Anrede), »überlegen Sie doch mal: Jeder wüsste Bescheid – auf dem Flugplatz hier, auf dem Landeflugplatz, Sie müssten sich anmelden. Die Polizei hätte Sie sofort überführt.« Du bist dankbar für den geschickten Übergang dieses Deliriums vom Präsens zum Konditional, als dein Vater fortfährt: »Nein, ich müsste es tun, ich. Ich werde mir von meinem Freund Georges vom Automobilclub den Ferrari ausleihen, verstecke ihn in der Garage, damit ihn niemand sieht, und sobald ich diesen Versager erschossen habe, rase ich sofort nach Belgien oder Holland: Bei zweihundertfünfzig Stundenkilometern wird niemand vermuten, dass ich zum Zeitpunkt des Verbrechens dort war.« »Schon«, sagt Christian, »aber Sie würden unterwegs geblitzt, anders ist es nicht möglich.« »Nicht, wenn ich die Strecke im Voraus genau studiere, um die Radarfallen zu umgehen.« – »Okay, aber glauben Sie, dass Sie so flott vorankommen, wenn Sie nicht die Autobahn nehmen? Ich würde mich wundern, wenn Sie es auf mehr als hundertzehn bringen.« – »Mit einem Ferrari? Das soll wohl ein Scherz sein?« – »Ja, nun. Man braucht die richtigen Reflexe, und außerdem dürfte es in Ihrem Alter um Ihre Augen nicht mehr so gut bestellt sein.« – »Ich habe letztes Jahr noch an der Rallye Monte Carlo teilgenommen, vergessen Sie das nicht, Christian, werfen Sie mich nicht zu schnell zum alten Eisen.«

Du schaust ihnen zu. Zwei kleine Jungs vergleichen prahlend ihren Pimmel, ihr Spielzeug. Sie haben bereits vergessen, worum es in dem Gespräch geht, und rasen mit Vollgas in ihrer Rakete, ihrem Bathyscaphe, ihrem Rennwagen davon, schwingen sich auf ihr Rennpferd, ihr Schlachtross, bereit, den Säbel zu zücken für ihr einziges Ziel: der Stärkere zu sein. Stärker zu sein als der andere, der sich stärker glaubt. Sie rühren dich (ihr Kleinjungenkummer), sie entrüsten dich, sie lassen dich im Stich. Du hast keinen Mann und keinen Vater mehr, du bist ein in der Wirklichkeit alleingelassenes Mädchen, von einem Monster zerfetzt, vor dem dich kein König und kein Königssohn beschützen wird.

Einige Wochen nach Tristans Tod wird euch das Gutachten zugesandt. »Der Arzt hat eine Behandlungspflicht. Er hat keine Ergebnispflicht«, heißt es in der Präambel. Der Bericht kommt zu dem Schluss, dass nicht ein Behandlungsfehler vorliegt, sondern ein »Chancenverlust«: Mit einem Kaiserschnitt hättest du eine größere Chance gehabt, dein Baby zu bekommen, das ist alles, was man sagen kann. Chancenverlust … Du wiegst die Worte, sie wiegen schwer auf dir. Ein Würfelwurf wird nie den Zufall aufheben. Du hattest nicht alle Chancen an dem Tag, an dem du geboren hast, das ist wahr, auch wenn du nicht weißt, in welchem Ausmaß. Auf dem Altar der gesellschaftlichen Bündnisse gekreuzigt, der Ärzteschaft geopfert, die Füße in den Beinstützen unter der chirurgischen Sonne zerfetzt – es ist die grausamste Sachkundelektion, die du jemals über dich ergehen lassen musstest, dieses Szenario hättest du dir niemals ausdenken können. Doch der Chancenverlust reicht sehr viel länger zurück, es ist eine uralte Geschichte, die, oh nein, nicht für anderswo oder für früher geschrieben wurde. Der Chancenverlust hier und jetzt, das heißt, jemand zu sein, der nicht selbst entscheidet, der manipuliert wird, ein Spielball der Lüge ist, Objekt eines Komplotts, Gegenstand einer stillschweigenden Vereinbarung, eine Person, über deren Schicksal, Leben, Unglück und Freude neben ihr, außerhalb von ihr, gegen sie entschieden wird, von Eltern, Lehrern, Männern. Der Chancenverlust, siehst du, das ist, ein Mädchen zu sein.

Eines Tages gehst du ins Krankenhaus. Man hatte dir mitgeteilt, du könntest die Krankenakte deines Sohnes abholen, aber du hast es nie getan. Schließlich hast du doch einen Termin vereinbart, und da bist du. Es ist ein nebliger Morgen, Rouen scheint aus dem Mittelalter aufzusteigen, man erwartet, dass gleich die Jungfrau von Orleans waffenklirrend vor einem auftaucht. Du kennst den Arzt nicht, der dich empfängt, er ist eine Art Mediator, der dir, wenn nötig, deine Fragen beantworten kann. Du fragst ihn nur, wie eine Plazenta aussieht, er scheint nicht überrascht und zeigt dir eine Zeichnung – die Blutgefäße, die Nabelschnurvene, die Zotten. Du sagst nichts, in deiner Erinnerung drückt dein Vater den Spülknopf der Toilette. Ihr sprecht über dies und das. Der Arzt verwendet den Ausdruck »wertvolle Schwangerschaft« und du verstehst nicht, was damit gemeint ist, du weißt genau, dass es nicht bedeuten kann, dass man »einen Jungen erwartet«, natürlich nicht, niemand sagt das so frei heraus, doch du siehst überhaupt nicht, was es anderes bedeuten könnte, und die Angst zieht dir leise im Bauch – du selbst, das ist klar, bist nicht die Frucht einer »wertvollen Schwangerschaft«. Du erzählst ihm auch von deinen Sorgen, wie es weitergehen soll. Er ist sehr freundlich und sagt, dass angesichts deiner medizinischen Akte nichts im Weg steht, *»ein anderes zu machen«*. Er lächelt dich an. Du schweigst. Ein anderes? So sagt man, neutral, ein anderes Baby. Eine Frage der Grammatik. Ein anderes. Aber du willst kein anderes und auch keinen anderen, du willst denselben, deinen Sohn.

Dann greift der Arzt zu einem Umschlag. Es sind Fotos von Tristan, die das Personal auf der Station aufgenommen hat (er nennt Tristan beim Vornamen, du fasst es nicht), du kannst sie behalten, du musst sie nicht jetzt ansehen. Du bedeutest »doch« mit deinem Kopf. Er nimmt die Polaroids heraus und hält sie dir hin, du streckst den Arm aus, doch ihr seid ungeschickt – du? er? –, und der Umschlag mit den Fotos fällt zu Boden. »Oh, sie sind runtergefallen«, sagt er. Du bückst dich, um sie aufzuheben, du kauerst dich hin wie am Rand seines Grabs, wenn du das Unkraut zupfst, und da ist er. Tristan. Nicht auf einem Foto. Hier, sein Körper, im Raum, und er liebt dich, und du liebst ihn. Nicht Kind, nicht Phantom, weder echter Junge noch reiner Geist. Eine Präsenz ohne klares Bild, ohne Gesicht und ohne Alter, eine Erscheinung. Aber hier, eindeutig hier. Und er liebt dich, und du liebst ihn. Es ist ganz selbstverständlich.

»Ich will kein anderes. Ich will denselben. Ich will ihn.«

Als du mit ausgeschaltetem Motor im Auto sitzt, fällt dir eine Stelle von Marcel Proust ein, die du am Tag zuvor im Zusammenhang mit einer Übersetzung gelesen hast. Der Erzähler, der lange nicht mehr an seine so geliebte verstorbene Großmutter gedacht hat, bückt sich, um seine Stiefel aufzuschnüren, und genau in dem Moment erinnert er sich, dass sie das früher immer für ihn getan hat, wenn er sehr müde war. Diese Bewegung ist es – sich zu seinen Stiefeln hinunterbeugen –, die ihm die Erinnerung an die leidenschaftliche Liebe seiner Großmutter zurückbringt. Als du dich bücktest, um die Fotos aufzuheben, hast du dir selbst diese Passage aus dem Buch ins Gedächtnis zurückgerufen, und damit die Auferstehung, oder vielmehr diesen so »seltsamen Widerspruch zwischen Fortleben und dem Nichts«, diese Abwesenheit.

Dieser Moment wird wiederkommen, keine Sorge – Tristan wird wiederkommen, es ist nicht vorbei, versprochen, du wirst ihn wiedersehen, du wirst seine flüchtige Gegenwart wiederaufleben lassen, aber nur, wenn du nicht versuchst, sie selbst herbeizuführen, sie herbeizurufen. Es muss eine natürliche Gnade sein, oder pfft, hat sie sich verflüchtigt … Ob zu Hause, auf der Straße oder im Bus, allein oder mit anderen, du bückst dich, um etwas aufzuheben, ein Riemchen am Schuh zu schließen, und da, ohne Gebet, ohne Gedanke, ohne irgendetwas, geht ein Engel vorbei, und er ist es, Tristan, dieser Abwesende – dein Junge, der kurz vorbeischaut, um in deinem Herzen zu bleiben.

III

»Es ist ein Mädchen.«

Christian war bei der Ultraschalluntersuchung im fünften Monat nicht dabei, ich rief ihn danach in China an. Ich hätte gerne eine neutrale Stimme behalten, einen sachlichen Tonfall, aber es gelang mir nicht. »Bist du enttäuscht?«, fragte ich. »Überhaupt nicht«, antwortete er. »Ein Mädchen ist doch auch gut, ich meine, ist genauso gut.«

Ich ging ins Zimmer am Ende des Flurs. Alle Sachen, die ich für Tristan gekauft oder gestrickt hatte, waren in der untersten Kommodenschublade aufbewahrt, ich hatte mich nicht entscheiden können, ob ich sie wegwerfen sollte oder nicht. Ich kniete mich davor (*Hallo, mein Schatz*), ich nahm die kleine blaue Mütze in die Hand, die ich doppelt gestrickt hatte, ich weiß nicht, warum, die Söckchen, die Jäckchen, ich habe alles doppelt gestrickt, als würde ich Zwillinge erwarten. Vor dem Ultraschall hatte ich mich gefragt, ob ein lebendes Baby die Sachen eines toten tragen konnte, oder die zumindest für ein totes bestimmt gewesen waren. War das gefährlich, würde ich damit den Kummer oder das Unheil weitergeben, wie bei diesen melancholischen Kindern, die den Namen von einem toten Bruder übernommen haben, wie bei Van Gogh, dessen totgeborener älterer Bruder Vincent geheißen hatte – ich sah sein wildes Blau vor mir, sein Gelb der verratenen Hoffnung, sein Ende. Jetzt, da ich wusste, dass ich ein Mädchen erwartete (*ich erwarte nicht dich, Tristan*), zweifelte ich, ob ein Mädchen ohne Risiko die Kleider eines Jungen anziehen konnte, war das nicht ein Sakrileg, eine schäbige Sparmaßnahme, schädlich für die Entwicklung des Kindes, eine Ungeheuerlichkeit? Hätte ich nicht sofort neue stricken und die da, die unbrauchbar gewordenen, wegwerfen, entsorgen sollen (*du kommst nicht zurück, Tristan*). Schließlich habe ich alles behalten, sorgfältig gefaltet in die Kommode gelegt. Ich sah mein eingefallenes Gesicht im Spiegel, meinen schon dicken Bauch, einen ovalen Ball. Als Teenager habe ich im Spiegel manchmal das Gesicht meines Vaters gesehen, und die Ähnlichkeit beunruhigte mich hinsichtlich meiner Weiblichkeit ebenso sehr, wie sie mich hinsichtlich seiner Vaterschaft beruhigte – ich war wirklich die Tochter meines Vaters. Seit zwei Jahren war es Tristan, den ich in meinem Gesicht sah, ach, dieses Baby in meinem Gesicht, diese elfenbeinernen Wangen, wie bei einer Puppe – ich war wirklich die Mutter meines Sohnes. *Nicht dich erwarte ich, Tristan. Es ist ein Mädchen.* Ich sprach immer noch mit ihm, aber er war nicht mehr allein. Er wusste es. Ich spürte, wie er sich in meiner Erinnerung einigelte, ganz klein machte. Ich beherbergte einen Fötus und ein Phantom. Ich war halb Wiege, halb Sarg. *Es ist …* Ein heftiger Fersentritt in meinem Bauch setzte der Diskussion ein Ende, wumm, wie man mit dem Fuß eine Schublade zuknallt. Ich verzog das Gesicht, ... *deine Schwester.* Ich legte lächelnd die Hand auf den Bauchnabel. Sie war noch nicht geboren, aber welch ein Temperament bereits.

Nachts wachte ich manchmal schweißgebadet auf, vor allem, wenn Christian nicht da war, und dachte, ich würde es nicht schaffen: Ein Mädchen liebt seine Mutter nicht unbedingt, dachte ich. Ein Junge würde mich natürlich lieben. Hätte mich geliebt. Jungen sind alle verrückt nach ihrer Mutter, sie ist die Frau ihres Lebens. Aber ein Mädchen? Oder die Frage kehrte sich um: Ich habe meine Mutter vergöttert, aber sie? Hat sie mich auch geliebt? Ich hatte keine Ahnung. Meine Mutter hatte schon so lange nicht mehr »Ich hab dich lieb« gesagt. Für wen kann ich die Frau des Lebens sein, fragte ich mich. Ich fühlte mich zu nichts nutze. Gescheitert auf der ganzen Linie.

Christian war in den letzten zwei Jahren, vor allem, seit ich schwanger war, oft unterwegs, er war in der Firma zur Nummer zwei aufgestiegen. Unser Zusammenleben war trist geworden. Jedes Mal, wenn wir miteinander schliefen, tat es mir weh. »Das ist normal«, sagte mein Vater, an den meine Mutter das Problem weitergeleitet hatte, »das ist normal, das sind die Folgen des Dammschnitts.« Mag sein. Aber tut es weniger weh, wenn es normal ist? Also hatte ich unseren ... – das Wort Koitus war mir ohne Vorwarnung herausgerutscht, »ah, okay«, sagte Christian, »und warum nicht gleich Begattung, wenn du schon dabei bist?« – hatte ich unseren ... (Geschlechtsverkehr, Beischlaf, Liebesakt) auf die vier Tage des Eisprungs beschränkt, die ich mit dem Thermometer berechnete. »Wir vögeln nützlich«, witzelte Christian, und ich nahm ihm seine Ironie übel, die meinen Schmerz ignorierte und an meiner *Kälte* Anstoß nahm. Niemand gesteht mir zu, niemand hat mir je zugestanden, dass ich Schmerzen haben könnte, dachte ich. Mädchen beschweren sich immer ohne Grund. Bei meiner Arbeit habe ich sogar aufgehört, Gedichte zu übersetzen, nahm mir wissenschaftliche Schinken vor, ich wollte nicht meinen Schmerz übersetzen. Völlig alleingelassen, überwachte ich den Kalender. Inzwischen war es umgekehrt mit der Angst: Jetzt wünschte ich mir nichts sehnlicher, als *Verspätung zu haben*. So vergingen zwei Jahre in der Hoffnung auf Verspätung und Regellosigkeit in einem Leben, das aus Ordnung und Präzision bestand. Als das neue Ereignis verkündet wurde, atmeten alle auf. Christian verstand mich nicht. »Habe ich dir dieses Kind denn nun gemacht oder nicht?«, rief er aus, als er mich in Tränen aufgelöst sah. Er war etwas voreilig, das Baby konnte immer noch sterben. Ich glaubte nicht mehr an Unsterblichkeit, ich war alt geworden. Wenn ein Kind stirbt, gibt es keine Ewigkeit mehr. Ein Film, den ich mal gesehen hatte, ging mir nicht aus dem Kopf, ohne dass ich mich an den Titel erinnern konnte. Es war einer dieser Filme, in denen vor der Entbindung immer eine Schüssel heißes Wasser verlangt wird, ich habe nie verstanden, warum, in diesem Film nun fragt ein Arzt einen verstörten Vater, ob er »die Mutter oder das Kind« behalten wolle, ich musste die ganze Zeit daran denken, das Bindewort »oder« drückte mir auf den unteren Rücken, ich weiß nicht mehr, wie er entschieden hat, aber auf jeden Fall war er es, der entschieden hat. Für meinen Vater war die Diagnose sehr simpel (Handbuch erstes Semester): Ich machte eine kleine Depression durch, nichts Ungewöhnliches in einer Schwangerschaft, Übelkeit, hormonelle Störungen, Vitamine, Magnesium, das Übliche halt.

Alice kam im Krankenhaus von Rouen zur Welt. Christian war im Flur draußen geblieben, ich wollte nicht, dass er dabei war, »es ist mir lieber, wir machen das unter uns Mädchen aus«, scherzte ich, und er hatte nicht darauf bestanden. Wir hatten gleich nach dem Ultraschall im fünften Monat beschlossen, sie Alice zu nennen, damit sie uns ins Wunderland führt, sagte Christian, und ich zog es vor, dass sich Hasen über ihre Wiege beugen statt Männer. Sie war groß und schön, wog drei Kilo achthundert. Sie hat nicht gelitten und ich auch nicht, eine Stunde nach der Geburt lag sie rosig in ihrer Wiege. »Na ja, ein Topmodel für Damenstrumpfhosen wird sie wohl nicht«, sagte Christian und tätschelte ihre Schenkel, die im Strampler zappelten. »Hast du die kleinen Schinken gesehen?!« – »Die hat sie von ihrer Mutter«, bestätigte mein Vater lachend. »Wissen Sie, was Laurence' Spitzname war als Kind? Zum Glück war ich auf der Hut, sonst hätten Sie heute einen Heißluftballon zur Frau!«

Als ich mein Nachthemd aufknöpfte, gingen sie mit diskreten Mienen hinaus, doch es war nicht der Mühe wert: Ich hatte keine Milch. Die Krankenschwestern brauchten drei Tage, um es zu merken, denn Alice hing oft an meiner Brust und saugte wild drauflos, und das mit Grund: Sie hatte nichts davon außer einer symbiotischen Beruhigung, bis sie schließlich erschöpft einschlief, als wäre sie satt. Aber die Waage ließ keine Zweifel offen: Sie war dabei zu verhungern. Wir mussten auf das Fläschchen umsteigen. »Das ist nicht gut«, sagte mein Vater ärgerlich, und nahm die Hebamme als Zeugin. »Das Kolostrum und die Muttermilch sind unentbehrlich für die Gesundheit von Säuglingen. Streng dich ein bisschen an«, drängte er bei jedem Besuch. »Probier's noch mal.« Was probieren? Er versuchte sogar Christian auf seine Seite zu ziehen. »Die Frauen sorgen sich heute zu sehr um die Schönheit ihrer Brüste, das ist absurd«, aber mein Mann sagte nichts, er streichelte mir den Arm, er musste es wichtig finden, dass ich mich um die Schönheit meiner Brüste sorgte, auch wenn wir nicht mehr miteinander schliefen. Alice die Flasche zu geben war eine Tortur für mich. Ich war nicht einmal in der Lage, mein Kind zu stillen. Eine Flasche! Wollte ich unbewusst, dass sie starb? Probier's noch mal, still noch mal, still, still. Totenstill. Ich spürte, wie der Wahnsinn lauerte und sich dann in großen, unerklärlichen Fluten zurückzog, der Tod gab in der Wiege, aus Spaß, leise Fußtritte. »Wenn ich dir einen Rat geben darf«, sagte meine Mutter etwas später, als Alice plärrte, »dann nimm sie nicht auf, wenn sie nachts weint, das laugt dich sonst aus, erst recht, da du nicht stillst und aufstehen musst, um die Flasche zuzubereiten, Babys gewöhnen sich schnell daran, alles durch

Weinen zu erreichen, weißt du, vor allem die Mädchen.«

»Aber Mama, woher weißt du das?« Ich sagte nichts.

Mittlerweise sind alle glücklich und erleichtert, nur ich nicht. Ich kann nachts nicht schlafen, ich habe Angst, sie könnte sterben, wenn ich meine Wache vernachlässige und mich dem Schlaf überlasse. Die Angst bringt mich um. Alice' Leben hängt von meiner Wachsamkeit ab, und ich bin so müde. Ich kann nicht Mutter sein, ich schaffe es nicht. Meine Mutter konnte es, sie hat es geschafft, sogar nach Gaëlle. Ich schlucke Dinge mit -um und -en am Ende, genau wie sie. Ich suche einen Spezialisten für postpartale Stimmungstiefs auf. Ich lese Bücher, in denen die Liebe sich von selbst versteht, ich vergleiche und verurteile mich. Was soll nur aus uns werden, frage ich mich.

Und dann eines Nachts höre ich, die erschöpfte Wächterin, Alice weinen. Es ist kein lautes Schluchzen aus Schmerz oder Hunger, eher ein Wimmern der Einsamkeit, oder bin ich es, die sich, wach neben dem schlafenden Ehemann liegend, einsam fühlt? In den ersten Wochen ist Christian öfter aufgestanden als ich, jetzt schläft er, die Ablösung hat sich stillschweigend vollzogen, er hat das Baby an mich abgegeben. Wenn sie nachts weint, gehe ich hin, ich höre nicht auf den Rat meiner Mutter, wenn sie weint, gehe ich immer hin, nie ohne eine schreckliche Angst. Keine Schlaftablette erlaubt es mir, die Grenze zu überschreiten, um all das hinter mir zu lassen, was passieren kann, was lauert und droht. Leben stirbt, das ist alles, was ich weiß. In dieser Nacht lausche ich kaum ein paar Sekunden, dann stehe ich auf. Ich nähere mich dem Bett, sie strampelt wimmernd im bläulichen Schein ihres Häschen-Nachtlichts. Ich stehe am Rand des Schattens und sage: »Ich bin da«, ich sage es mehr zu mir selbst als zu ihr, beruhige mich schlaftrunken. Als ich in den Lichtkreis trete, hört sie schlagartig auf. Sie atmet unter ihrem Häschen-Body. Ich beuge mich über sie wie über einen Märchensee, ein Kräuseln geht über sie hinweg, »Mamama«, sagt sie, »ja, ich bin da«, sie brabbelt, »Mamama«, sie brabbelt und strampelt mit den Händen, »Mama«, oh, ich beuge mich weiter vor, »Mama«. Es ist das erste Mal. Sie kann schon seit einem Monat »mehr« sagen, mehr Kompott, mehr auf die Arme, aber Mama, das ist ein neues Wort, ein neugeborenes, und die Sache wird mit dem Wort geboren. Mama. Es ist ein klarer Schnitt, ein lautes Raunen: Ich bin ihre Mutter. Das Ereignis ist hervorgebracht und verwurzelt sich, Zweige ranken sich. Welcher Nährboden! Alice' Augen versinken in meinen, strahlend, sanft, verschmitzt, so viele Gefühle in solch jungen Augen, die noch so wenig gesehen haben, es ist schlicht unfassbar. Ich sage »ja, ich bin da« (Liebe heißt, da zu sein), sie sagt wieder »Mama«, »meine Tochter«, spiegle ich ihr Wort, »Mama«, wiederholt sie, »meine Tochter«, sage ich wieder, »Mama«, singt sie, und dann lacht sie, und wie sie lacht, gemeinsam lachen wir durch die blaue Nacht.

Alice ist achtzehn Monate alt. Gestern Abend hat sie »Mond« gesagt und zum Himmel gezeigt, heute Morgen ihre Nase an die Scheibe gedrückt, gegen die der Liguster schlug, und mehrmals »Wind« wiederholt. Sie sagt die Wörter ohne den Artikel, mit der Stimme einer Fee, die befiehlt, sodass die Dinge in diesem Moment aus ihrem Mund hervorzugehen scheinen, von ihr herbeigerufen. Wie jeden Tag habe ich sie früh geweckt, um sie zu Joëlle, ihrer Tagesmutter, zu bringen, die zwei Söhne von drei und vier Jahren hat und einen dritten erwartet. Als ich ihr den Ärmel ihres grünen Wollkleidchens überstreifen will, schüttelt sie den Arm, um sich daraus zu befreien, es ist nicht das erste Mal, und flüchtet sich im Windelpack in die Ecke des Zimmers, »nichtkeid«, artikuliert sie übertrieben, »nichtkeid«, sie stampft mit den Füßen und klettert auf ihr Holzpferd. Ich nähere mich mit dem Kleid, wir haben nicht viel Zeit, sie packt es und wirft es wie eine Handvoll Sand gegen die Wand, »nichtkeid«, sagt sie, ihre Stimme ist fest, sie sieht mich an, sie lacht, aber versteht keinen Spaß, sie wartet, dass ihr Wille geschehe, »nichtkeid«. »Mensch, Alice«, ich lasse das Kleid zerknäult vor der Wand liegen, »wir kommen zu spät«, sage ich, ziehe ihr einen Pullover und eine Latzhose an, sie singt.

Sie hat Geburtstag, sie wird drei. Sie hatte sich, nachdem sie mit ihrem Vater im Fernsehen einen Western gesehen hatte, von ihrer Großmutter ein Cowboy-Kostüm gewünscht. Der Hut ist ihr ein bisschen zu groß, sie wirft ihn stolz zurück, schlägt die Absätze ihrer Stiefel zusammen, dass die Sporen klirren. Ich bin ihre Frau, ich backe Kekse im Kamin, um die zwölf Teddybären zu füttern, die wir gemeinsam besitzen. »Hallo, Frau«, sagt sie, als sie kurz in der Küche vorbeischaut, mit feierlicher Miene, »ich kann nicht lange bleiben, ich habe viel zu tun.« – »Du hättest mir helfen können, den Teig zu kneten«, sage ich, aber sie ist schon wieder weg. An die Stehlampe im Wohnzimmer gebunden wartet ihr Holzpferd auf sie. Sie geht mit langen Schritten auf ihren Vater zu, der eine Wandleuchte repariert, stampft mit dem Fuß auf, eine Hand an der Schläfe, »Herr Hauptmann«, sagt sie, »wir haben ein Problem. Die Indianer sind da.« Christian, den Schraubenzieher in der Hand, salutiert mit ernstem Ausdruck: »Herr General«, antwortet er mit gerührter Stimme, »wir haben noch ein anderes Problem.« – »Ach ja?«, fragt Alice mit vorgerecktem Kinn und gerunzelten Augenbrauen. »Ja, Herr General, ein großes Problem: Ich liebe Sie.« Alice gibt ihm einen Klaps: »Hör auf, Papa«, und sie lachen sich bucklig.

Ich bin auf dem Spielplatz, Place des Alouettes, es ist Winter, auf dem Schotter der Wege liegt noch ein wenig Schnee. Alice trägt einen blauen Anorak, hat die Kapuze über die Mütze gezogen, »sie sieht aus wie ein Gartenzwerg«, hat ihr Vater gesagt, bevor er zum Flugplatz aufgebrochen ist. Alice gibt die Rutsche bald auf und geht zu den Klettergerüsten, sie schaukelt, beobachtet die Jungen, um sie dann nachzuahmen, und der Blick, den sie ihnen zuwirft, ist so voller Bewunderung, dass ich wegschaue – aber sie sieht mich sowieso nicht: Jungen tun so, als würden sie vergessen, dass sie eine Mutter haben. Hopp, macht sie den Schweinebaumel und schwingt sich dann mit Leichtigkeit von Liane zu Liane. »Ihr Sohn ist sehr geschickt«, sagt die Mutter, die neben mir auf der Bank sitzt. »Er hat ein gutes Körpergefühl. Meiner ist richtig tollpatschig dagegen.« Ich bringe ein schwaches Lächeln zustande (ich hätte den Zopf aus der Mütze schauen lassen sollen). »Es ist ein Mädchen«, formt sich hinter meinen Lippen, bricht sich an meinen Zähnen und schmilzt unter meiner Zunge dahin. »Danke«, sage ich.

Alice ist vier, sie geht mit ihrem Vater zum Tennis für ihre erste Unterrichtsstunde im Miniclub. Christian spielt nebenan, die Lehrerin begrüßt die Kindergruppe und fragt jedes nach seinem Namen. Es gibt Jasmine, Léa, Jules, Alexis, Jordan. »Und du?« – »Ich heiße Obi«, antwortet Alice. – »Obi? Bist du sicher? Das ist doch kein Name, das ist ein Baumarkt …« Alice bleibt ganz ruhig: »Ja, so heiße ich. Ich bin Obi.«

Als sie mit den Augen nach ihrem Vater sucht, besteht die Lehrerin nicht weiter darauf. Manche Eltern sind so was von durchgeknallt! Im Club Med ist ihr einmal eine Rolex untergekommen, und in einem anderen Jahr eine kleine Peanuts. Aber gut, Obi für ein Mädchen … Obi Charpentier noch dazu, das klingt ja wie »Heimwerker Zimmermann«. Na ja, jeder kann machen, was er will. »Obi ist sehr talentiert«, sagt sie am Ende der Stunde zu Christian. Dieser ist baff, Alice sieht ihn von der Seite an, er scheint seinen Schläger verschluckt zu haben und eine Bohrmaschine gleich hinterher. Bei seinem Bericht gefriert mir das Blut. Mit unserer Tochter stimmt etwas nicht. Ich spüre eine ganze Welt der Vorahnungen aus dem Untergrund aufsteigen. Christian zuckt mit den Schultern: »Nein, nein, sie hat bereits eine hervorragende Koordination, du hättest sie sehen sollen mit ihrem Minischläger!« Zwei Monate später, als ich mit ihr zum Baumarkt zurückkehre, um Türgriffe zu kaufen, wo wir uns schon seit Wochen für die Einrichtung unseres neuen Hauses eindecken, fällt es mir wie Schuppen von den Augen. Ich bin Madame Charpentier, so nennen mich die Verkäufer. Sie aber, Alice, will einen männlichen Namen tragen.

»Und was führt Sie zu mir?«, fragt der Kinderpsychiater und verschränkt die Hände unter dem Kinn.

Ich rede schon seit zwanzig Minuten auf ihn ein. Ich erzähle ihm von Tristan, von Alice' Geburt, von Monsieur Obi … Hört er überhaupt zu? Trotzdem sage ich:

»Wie ich Ihnen bereits am Telefon erklärt habe, machen wir uns Sorgen.«

Er deutet ein Lächeln an, ohne die Augen, sein Blick bleibt kalt. Er sieht nicht schlecht aus, aber ohne Bart würde ihm wahrscheinlich besser stehen. Warum habe ich »wir« gesagt, wenn ich doch allein bin? Denn ich bin allein, das ist die Wahrheit. Mehr und mehr allein.

»Unsere Tochter Alice, vier Jahre alt, sagt, sie sei ein Junge.«

»Ja.«

»Sie möchte ein Junge sein. Wir wissen nicht, was wir tun sollen.«

»Was Sie tun sollen?«

Ich senke den Blick.

»Na ja …«

Er fährt fort:

»Sagt sie, sie sei ein Junge, oder sind Sie es, die sagt, sie wolle ein Junge sein?«

Ich stottere.

»Ich …«

»Oder: Sind Sie es, die will, dass sie ein Junge ist?«

Und schon sitze ich auf der Anklagebank, es ist immer dasselbe mit den Psychologen: Die Mütter werden zur Verantwortung gezogen – immer nur die Mütter. Ich stottere, dann fasse ich mich wieder:

»Im Grunde ist es so … Alice wollte das schon immer. Sie, sie will nie ein Kleid oder einen Rock tragen, ich möchte das gerne, ich kaufe ihr welche, verstehen Sie … Neulich wollte die Kinderfrau ihr Nagellack auftragen, man muss dazu sagen, dass sie drei Jungen hat, na ja, da freut sie sich natürlich, dass sie mit Alice ein wenig Mädchen spielen kann, und da bekam Alice einen schrecklichen Wutanfall und stieß das Fläschchen um. Sie übt in der Badewanne, im Stehen zu pinkeln, sie lässt alle Puppen, die man ihr schenkt, in der Ecke liegen, mag nur Stofftiere, und im Kindergarten spielt sie nur mit Jungen, das heißt, sie versucht es, aber sie lassen sie nicht oft Fußball spielen, was sie übrigens wütend macht.«

»Ich verstehe.«

Ich lächle.

»Ich verstehe, dass sie das wütend macht. Ich sehe nicht, wo das …«

»Sie spricht von sich selbst in der männlichen Form, sie sagt ›ich bin ein Schöner‹, ›ich bin ein Starker‹, sie denkt …«

»Bis zum Alter von vier, fünf Jahren hat das Kind noch keinen wirklichen Zugang zur Grammatik, zur geschlechtlichen Identität im Übrigen auch nicht, sie deklinieren nicht richtig, das ist ganz normal.«

»Letzten Sonntag kamen Kollegen meines Mannes zum Mittagessen. Der Mann beugte sich zu Alice hinunter, um sie zur Begrüßung auf die Wange zu küssen, und sagte: ›Oh, du bist aber eine ganz Hübsche in diesem Mickey-Mouse-Shirt‹, da stellte sie sich vor ihn hin, gab ihm die Hand und korrigierte ihn: ›Alice ist ein Hübscher.‹«

»Genau das meinte ich. Die Abstimmung des Geschl …«

Ich lege nach, habe immer mehr das Gefühl, sie zu verraten.

»Und als er freundlich erwiderte: ›Aber nein, du bist ein Mädchen‹, schüttelte sie den Kopf und stampfte mit dem Fuß auf. Da sie nicht lockerließ, erklärte er: ›Du bist als Mädchen geboren und warst schon immer ein Mädchen, und ich bin als Junge geboren und war schon immer ein Junge‹, wiederholte sie zornig: ›War ein Junge.‹«

»Sie hat doch recht.«

»Wie bitte?«

»Ihre Tochter hat recht. Da war doch ein Junge.«

»…«

»Ich vermute, Sie haben ihr von ihrem großen Bruder erzählt? Sie weiß, dass er gestorben ist?«

Der Ausdruck »großer Bruder« lässt mich zusammenzucken: Alice ist vier, und er ist so klein.

»Ja, ich habe es ihr gleich nach der Geburt erzählt.«

»Warum?«

»Einer Ihrer Kollegen, besser gesagt, eine Kollegin, hat mir dazu geraten.«

Er muss den triumphalen Ton in meiner Stimme gehört haben, die Genugtuung, mich rechtfertigen zu können, Rückendeckung zu haben, ermächtigt zu sein.

»Ich hatte nach der Geburt eine Art Depression, hatte Angst vor allem, Angst, sie könnte sterben wie ihr Bruder, Angst, sie könnte hinunterfallen, Angst, etwas falsch zu machen. Meine Angst war so groß, dass die Psychologin im Krankenhaus mir riet, Alice den Grund dafür zu erklären. Babys verstehen alles, man kann mit ihnen reden, so ist es doch? Also nahm ich sie eines Tages in meine Arme und begann, ganz leise mit ihr zu sprechen. Ich sagte ihr, wenn sie das Gefühl habe, dass ich ängstlich und ungeschickt bin, dann liege das daran, dass ich vor ihr einen kleinen Jungen verloren hatte, dass ihr Vater und ich darüber sehr traurig waren, aber dass …«

Er presst seinen Kiefer zusammen, ärgert sich über seinen Bleistift, den er in einen abgeschrägten Radiergummi zu stecken versucht, der bereits durchlöchert ist wie ein Sieb.

»… aber dass ich sie lieb habe, dass ich sehr glücklich bin, dass sie da ist. Ihre Kollegin hat …«

»Das ist nicht meine Kollegin. Ich bin Psychiater, nicht Psychologe. Wie alt war Alice damals?«

»Oh, es war kurz nach der Geburt, sie war vielleicht vierzehn Tage, drei Wochen alt …«

Er seufzt.

»Denken Sie, es war ein Fehler? Dass sie es nicht verstanden hat?«

Er schnieft.

»Oh doch, ganz im Gegenteil, Alice hat sehr gut verstanden, sie ist bestimmt ein außerordentlich kluges Mädchen. Sie hat verstanden, dass Sie unglücklich sind, weil Sie einen kleinen Jungen verloren haben.«

»Sie wollen damit sagen ...«

Ich konnte nicht mehr denken. Ich habe gelesen, dass man jemanden in den Wahnsinn treiben kann, wenn man ihm widersprüchliche Anweisungen gibt. War es nun gut, dass ich mit Alice gesprochen habe, oder hätte ich es nicht tun sollen? Was sagt die Wissenschaft? Wo liegt die Wahrheit? Ist es meine Schuld, wenn ...

»Sie wollen damit sagen, dass es meine Schuld ist? Alice glaubt, wir hätten lieber Tristan gehabt, das meinen Sie? Und darum ist an ihr ein Junge verloren gegangen?«

Er legt Radiergummi und Stift ab, lächelt mich kalt an.

»An ihr ist ein Junge verloren gegangen? Wie meinen Sie das?«

Ich hasse ihn. Muss man denn jedes Wort, noch die banalste Redewendung auf die Goldwaage legen. Er lässt sich nur den Bart wachsen, um Freud zu gleichen, ich bin mir sicher. Mit einem leicht überlegenen Ton fährt er fort:

»Man sagt nie, an ihm ist ein Mädchen verloren gegangen, ist Ihnen das auch schon aufgefallen? Weil kein oder fast kein Junge davon träumt, ein Mädchen zu sein, während das Gegenteil … Ein verloren gegangener Junge, das ist ein Mädchen, das nicht die Freiheit, die Wahl hatte, ein Junge zu sein. Nicht frei zu sein ist das Schicksal der Mädchen. Sie selbst, erfahren Sie das nicht ebenfalls?«

Sein Blick durchdringt mich. Ich erröte, bewege mich auf dem Stuhl hin und her, schlage die Beine übereinander und wieder nebeneinander.

»Aber hat man denn die Wahl? Ist es nicht so, dass …«

Er unterbricht mich.

»Bei Alice scheint mir die Sache etwas komplizierter zu sein. Sie will nicht nur ein Junge sein, sie will ein bestimmter Junge sein. Ein fehlender Junge. Ein verloren gegangener Junge?«

In meinen Augenwinkeln stauen sich Tränen, dass sie bloß nicht überlaufen, ich habe Wimperntusche aufgelegt. Ich muss präsentabel bleiben.

»Alice möchte Ihnen Tristan zurückgeben. So einfach ist das.«

»Aber warum …?«

Er zieht die Augenbrauen hoch, steht auf und begleitet mich zur Tür. »Mittwoch vier Uhr, mit Alice«, sagt er.

Alice hat keine Lust, zum Kinderpsychiater zu gehen, aber mir zuliebe kommt sie mit, sie sieht mich mit einem nachsichtig-fragenden Blick an: Die Beratung wird mir bestimmt gut tun. Ich habe sie gestern angeschrien, als sie die Schleifen von ihren Hausschuhen gerissen hat, die sie »hässlich« fand. Ich habe sie in der Nacht wieder angenäht, sodass sie heute den ganzen Morgen in den

Socken herumhing. Sie streckt dem Arzt spontan ihre linke Hand entgegen, der sie mit seiner rechten schüttelt.

»Bist du Linkshänder? Ich auch. Aber wir müssen trotzdem die rechte Hand geben, wir beide. Das nennt man eine Konvention, etwas, das man tut, damit alle zufrieden sind, um Probleme zu vermeiden. Es ist praktisch, verstehst du? Aber keine Sorge, wir bleiben trotzdem Linkshänder, wir geben nicht auf, was wir sind. Versuch es doch mal.« Alice lacht, streckt mehrmals hintereinander ihre rechte Hand aus, als ob sie eine Waffe ziehen würde, er lacht mit ihr. Wir betreten zu dritt das Sprechzimmer.

»Weißt du, warum du hier bist?«, fragt der Arzt.

Alice schüttelt den Kopf.

»Deine Mutter macht sich Sorgen, sie sagt, du möchtest ein Junge sein. Stimmt das?«

»Ja.«

»Warum?«

Alice sieht mich an.

»Nein, frag nicht deine Mutter. Sag du es mir. Warum willst du ein Junge sein?«

Sie hebt ihr Kinn, zieht die Schultern hoch bis zu den Ohren und lässt sie seufzend wieder sinken.

»Will eben.«

»Aber ja, Alice!«, ruft der Arzt zustimmend, an mich gewandt, »sie will eben, sie will leben.«

Alice lacht, steht auf, breitet die Arme zu einem Flugzeug aus und wirbelt durch den Raum.

»Willleben«, singt sie, »willleben«, dann umschlingt sie meine Knie und drückt fest zu.

Zu Hause, als ich mit Christian, dem mein Bericht die Sprache verschlägt – »diese idiotischen Sprachspiele« –, im Wohnzimmer etwas trinke, taucht Alice mit dem Rasierer ihres Vaters auf, reibt ihn über ihre Wange, wie sie es oft gesehen hat. Ich unterdrücke einen Schrei, Christian hat ihn auf dem Waschbeckenrand liegen lassen, er passt nie auf, sieht nie die Gefahren, ich muss die ganze Zeit an alles denken, verhindern, dass sie sich wehtut, mir überlegen und aus dem Weg schaffen, was sie töten könnte, vorwegnehmen und antizipieren, was ihrem Wohlbefinden dient, ihrem Glück, unserem Leben. Ich kann nicht mehr, ich bin erschöpft. »Was müsste dann ich erst sagen!«, sagt Christian und greift zu seinen Geschäftsunterlagen.

Ich bringe Alice zweimal im Monat zu Doktor B. Inzwischen bleibe ich im Wartezimmer, wo ich sie laut lachen höre. Manchmal zeichnet sie. Eines Tages bittet er sie, sich selbst zusammen mit Mama und Papa als Tier zu malen. Auf dem Blatt Papier, das sie mir danach stolz entgegenstreckt, sehe ich ein lang gestrecktes Oval mit schwarzen Bleistiftstrichen darum herum. »Das ist ein Tausendfüßler«, erklärt sie. »Scharf beobachtet«, sage ich mit einem forcierten Lachen, »Mütter rennen die ganze Zeit.« Ihren Vater hat sie als Elefanten gezeichnet, mit einem übergroßen Rüssel, der bis zum Boden reicht – er wäre entzückt, wenn er hier wäre –, und sich selbst als Elefantenbaby von bescheideneren Ausmaßen, das aber mit dem leisesten Patsch einem ganzen Nest von Tausendfüßlern den Garaus machen könnte. Um die beiden herum die Savanne, in der eichelköpfige Bäume stolz neben phallusartigen Pilzen mit roten Hüten stehen. Doktor. B. lächelt bis über beide Ohren. Plötzlich sieht der Tausendfüßler aus wie das, was er ist, nämlich eine Vulva, eine farblose Vulva, von einem dichten Busch umgeben. Ich komme mir ziemlich dumm vor mit meinem Porträt in der Hand.

Die Vorschule von Alice liegt direkt neben dem Haus, das wir in Canteleu, im Umland von Rouen, gekauft haben. Wenn ich nicht gerade in eine knifflige Übersetzung vertieft bin, höre ich die Pausenglocke und gehe schnell ins obere Stockwerk hinauf, um einen Blick auf sie zu erhaschen – ich verstecke mich in ihrem Zimmer hinter dem Vorhang, ich will nicht, dass sie mich sieht, sie würde denken, ich überwache sie. Sie ist immer mit Jungen zusammen. Am ersten Schultag hatte sie sich an den Rand des Pausenhofs gestellt und sie beobachtet, sie merkte sich die Spielregeln, und irgendwann ging sie los und schloss sich aufs Geratewohl einem der beiden Teams an. Zuerst trauten sie ihren Augen nicht, die Neue wollte Fußball spielen! Verrückt! Die Mädchen an ihren Springseilen waren ebenfalls fassungslos, und mein Herz klopfte am Fenster zum Zerspringen. Ich hatte Angst und gleichzeitig den Wunsch, dass sie abgewiesen würde. Inzwischen ist sie ihre beste Torhüterin – ich beobachte, wie sie mit ihren Handschuhen, die sie auch im Sommer nie mitzunehmen vergisst, bescheiden die Schüsse abwehrt. »Alice, Alice, komm hierher!«, rufen die Jungen, wenn sie die Mannschaften aufstellen. »Du kriegst ein Bonbon.« Manchmal spielt sie nicht mit, sondern unterhält sich mit Kevin am Spielfeldrand, ihre

Haare berühren sich fast. Er ist der Sohn der Autowerkstatt Durand am Ende unserer Straße, ein hübscher Dunkelhaariger mit schwarzen Augen. Sie geht mit ihm in die bunte Holzhütte, die auf dem Schulhof der Kleinen steht, und sie bleiben die ganze Pause drin, ich sehe sie nicht mehr. »Was gibt es eigentlich in dieser Hütte, meine Spatzimaus? Irgendwelche Spiele?« – »Nein, da drin ist nichts, es ist nur eine Hütte.« – »Und was macht ihr dann dort?« – »Na, Liebe«, antwortet Alice. Ihre kindliche Antwort verschafft mir eine solche Erleichterung, dass ich nicht nach dem Schrecken grabe, der unter ihr verschüttet ist.

Kevin schenkt Alice kleine Armbänder, rosa Perlenketten und bunte Haargummis für ihren Pferdeschwanz. Ihre Mutter lächelt mir bei Schulschluss verschwörerisch zu, sind sie nicht süß, die beiden Verliebten. Alice nimmt die Geschenke mit einem verlegenen Lächeln entgegen, bringt sie nach Hause und gibt sie an mich weiter: Schmuck ist etwas für Mädchen, das ist überhaupt nicht praktisch, um Fußball zu spielen, das schlenkert und ist Bling-Bling. Obwohl ich darauf bestehe, trägt sie sie nie, nicht einmal, um Kevin eine Freude zu machen.

Anfang Mai beginnt der Kindergarten mit den Proben für die Weihnachtsaufführung. Ein Blatt wird an die Eltern verteilt. »Hinweis für die Mamas der Vorschulkinder. Mädchen: Kleid im Charleston-Stil, Stirnband und Perlenkette; Jungen: schwarzer Anzug, Retro-Weste und weißes Hemd. PS: Madame Sanchez bietet für die Näharbeiten ihre Hilfe an. Sie erreichen sie an der Place de l'Église 5.« Mit zwei schwarzen Filzstiftskizzen illustriert die Lehrerin, dass die Choreografie dem Geist der Goldenen Zwanziger entspricht. »Ich gehe zu Madame Sanchez und zeige ihr die Zeichnung«, sage ich am folgenden Mittwoch zu Alice, »kommst du?« Alice rührt sich nicht vom Ast des Mispelbaums, auf dem sie rittlings sitzt wie ein Gaucho in der Pampa. »Komm, Alice, lass uns losgehen, ich fürchte, es werden viele Leute da sein.« (Ich bin sicher, dass ich die Einzige sein werde, alle *Mamas* hier können nähen). »Das bringt nichts«, sagt sie. Marco, ihr treuester Teddybär, scheint, auf seinem Hinterteil sitzend, derselben Ansicht zu sein, seine kleinen braunen Augen starren mich finster an. »Du musst dabei sein, um die Maße zu nehmen.« Alice spornt den Stamm des Mispelbaums an, beugt sich vor, der Mispelbaum galoppiert davon, Marco hält sich fest, die Worte dringen durch das Blätterrauschen, »nein, es bringt nichts, das Kleid zu machen.« Seufzend schließe ich das Tor zur Straße. »Alice. Ich weiß, dass du nicht gern Kleider trägst. Aber diesmal ist es obligatorisch, es ist das Kostüm für die Aufführung.« Sie zieht dieselbe Schnute wie vor ihrem Teller Rote Bete. »Ich will aber nicht.« – »Alle Mädchen müssen gleich angezogen sein, verstehst du? Es ist ein Ballett. Ihr habt doch bestimmt schon mit den Proben begonnen?« Sie sagt: »Ja, aber ohne Kleid.« Ich lächle. »Es ist doch nur für den Tag der Aufführung, mein Schatz.« Sie antwortet nicht. »Hör zu, ich mache dir einen Vorschlag: Wir lassen es mal machen und du kannst später sehen«, versuche ich es hintenrum, »ich werde es nicht anziehen«, sagt sie direkt heraus.

»Ich verstehe«, sagt der Psychiater am Telefon. Alice hat ihre Sitzungen bei ihm seit über sechs Monaten beendet – »Diesem Kind fehlt nichts« –, aber Christian ist für drei Monate in Japan, und ich weiß nicht, zu wem ich mit meiner Angst und meinem schlechten Gewissen gehen kann. »Erklären Sie ihr, dass es für ein Theater ist, stellen Sie es als ein Spiel dar, eine Verkleidung, wie sie es mag, eine Rolle.« – »Aber das habe ich ihr schon alles gesagt!« Ich werde wütend, dieser Typ tut, als würde er verstehen, aber er versteht rein gar nichts. »Oder präsentieren Sie ihr das Ganze unter dem Gesichtspunkt der Gemeinschaft: Sie trägt damit zum Erfolg der Aufführung bei, wie in einer Fußballmannschaft, wo alle dasselbe Trikot tragen.« Gute Metapher, danke Herr Doktor, daran habe ich auch schon gedacht. »Aber warum tragen wir dann nicht alle ein Fußballtrikot?«, war ihre Antwort. Hat er denn keine bessere Idee, keine klare Anweisung? Das hier hat nichts mehr mit Grammatik zu tun. Hat Alice nicht immer noch ein großes Identitätsproblem? »So funktioniert das nicht«, sagt er. »Es ist nicht ein Kleidungsstück, das über die Weiblichkeit entscheidet. Kleider machen keine Mädchen, verstehen Sie.« Ich stehe neben dem Telefon, erkenne mich kaum wieder in dem verbeulten Jogginganzug im Spiegel, den ich kaum mehr ausziehe, seit Christian verreist ist – ich streife ihn gleich beim Aufstehen über oder sofort, wenn ich nach Hause komme. »Gut, einverstanden, aber ich, was mache ich denn jetzt?« Wer kümmert sich um meine Verzweiflung, wer hebt die Marmorplatte, die mir auf die Brust drückt, wer nimmt mir die

Angst, nicht in die Form zu passen, es nicht zu schaffen (nähen, eine Frau sein, geliebt werden)? Kann sich bitte jemand um mich kümmern, mich in die Arme nehmen, mich in seinem Herzen tragen? »Versuchen Sie es noch einmal«, sagt er. Ich will auflegen, geschlagen, als er hinzufügt: »Und sonst ...« – »Ja?« – »Sonst lassen Sie sie einfach.«

Die Mädchen kommen von der Gartenseite herein, die Jungen von der Hofseite, die Jazztrompete schmettert einen fröhlichen Charleston. Die Lehrerin ist hinter dem Bühnenvorhang versteckt, von meinem Platz aus kann ich sehen, wie sie sich gegen den Takt verbiegt, um den allzu Hilflosen, die mit dem Blick nach ihrer Mutter suchen, die Schritte vorzumachen. Die beiden Kinderreihen sind sich gegenüber, sie nähern sich, entfernen sich, streifen sich, schubsen einander weg; sie rudern mit den Armen, drehen die Füße nach innen, nach außen, kreuzen blitzschnell die Hände auf den Knien. Sie tun, als rauchten sie, glätten ihre gegelten Haare, fassen sich am Revers; sie tragen Fransenkleider, wirbeln darin umher, Lippenstift, manchmal eine Federkrone; einige tragen Absatzschuhe (Größe Achtundzwanzig), lächeln, spielen kokett mit ihrer Perlenkette. Ich bin auf dem Schulhof in Rouen, als Falter verkleidet – als Falterin? –, bin ebenfalls fünf Jahre alt, meine Fühler haben sich mit denen von Jeannine verheddert und alle lachen über uns, ich schwitze, wische mir die Stirn, die Scham tropft mir übers Gesicht. »Haben Sie vergessen, ihr das Kleid anzuziehen?«, flüstert mir meine Nachbarin honigsüß zu. Mein Herz klopft, ich könnte heulen. »Nein«, sage ich mit sachlichem Ton, »sie war es, die nicht wollte.« Der Satz verbreitet sich wie ein Lauffeuer im Festsaal, in dem die meisten Augen bereits auf mich gerichtet waren – die Antwort des Jahrhunderts, ach, das wird man nicht so schnell vergessen: *Sie war es, die nicht wollte.* So ein kleiner Fratz! Herzlichen Glückwunsch zur Autorität! Man kann sich vorstellen, wie es bei denen zu Hause aussieht! Der Vater soll fast nie da sein, kein Wunder.

Die Jazztrompete schnattert, aber ich höre nichts mehr, sehe nichts mehr. Meine Augen sind auf Alice gerichtet, die sich genau an die Partitur hält, im Takt bleibt, ihre Arme rhythmisch hochwirft, beim Seitenwechsel lächelt, ihren Charleston mit einer Leichtigkeit, einer Anmut, einer Gewandtheit, einer Natürlichkeit dribbelt, einfach zum Umfallen. Die Scham verlässt mich, ich bin hin und weg vor Bewunderung. Der finstere Kevin ihr gegenüber, eingeschüchtert unter seiner Pomade, weiß nicht mehr, ob es lächerlich oder wunderbar ist, mit einer Tänzerin in karierter Latzhose und Klettverschluss-Turnschuhen zu tanzen. Er ist wie ich: erschüttert. Sein Vater, Régis Durand, von der Autowerkstatt Durand, steht mit hartem, beleidigtem Gesicht vor der Bühne und schaltet die Kamera aus.

Zum Jahresende einige Monate später kommt der Weihnachtsmann mit Geschenken in den Kindergarten. Die Mädchen erhalten einen Putzwagen (mit Besen, Eimer, Wischmopp, Kehrblech und Handfeger), die Jungen einen Lego-Baukasten. »Es hat sich noch nie jemand beschwert«, versichert mir die erstaunte Schulleiterin, die ich über Alice' Enttäuschung unterrichte und um eine Erklärung bitte. »Im Gegenteil, die kleinen Mädchen lieben es, ihre Mütter zu imitieren.« »Das kann nicht schaden«, meint auch Christian, bevor er das Flugzeug nach Tokio besteigt. »Aber warum rosa? Das ist doch ein Klischee.« Am Abend nehme ich mit Alice zusammen ein Bad. Sie setzt sich den Eimer auf den Kopf, Henkel unter dem Kinn, und spritzt mich mit dem Handfeger voll. »Du kannst ja Kevin fragen, ob er mit dir Lego spielt«, sage ich. Alice zieht eine blasierte Schnute. »Ich spreche nicht mehr so viel mit Kevin.« – »Ach so. Ist er nicht mehr dein Schatz?« – »Nein.« – »Warum denn nicht?« – »Er mag jetzt Charlène lieber. Er findet, sie trägt hübschere Kleider als ich … Pfft«, fügt sie hinzu und schlägt mit der Schaufel auf den Eimer. Ich lache, sie auch. Ich bin fasziniert, wie gesund ihr Körper durch den Schaum hindurchscheint.

Eines Sonntags, es ist Sommer, sehe ich aus dem Fenster im ersten Stock Alice und Christian zu, die am Pool sind. Christian bringt ihr seit ein paar Tagen das Schwimmen bei, aber sie traut sich noch nicht ohne Schwimmflügel ins Wasser. Er fordert sie auf, mit ihm reinzugehen, sie will nicht, sie kann nirgendwo stehen. Ihr Vater beharrt darauf, nennt sie einen Angsthasen und versucht sie zu packen; sie weicht aus, rennt schreiend ums Becken, er holt sie ein, »nein, nein, nein, ich will nicht«, er hebt sie hoch, ich sehe, wie sie mit den Beinen wild gegen die Brust ihres Vaters tritt, »nein!«, schreit sie, ihr Bikiniunterteil ist halb vom Po gerutscht, »Papa, nein, lass mich los«, »aber was für ein Angsthase«, wiederholt er und wirft sie ins Wasser.

Ich stürze die Treppe hinunter – er hat sie geworfen wie einen Müllsack, wie Fraß vor die Schweine, wie eine Leiche. »Aber du siehst doch, dass ich sie sofort herausgeholt habe«, sagt er zu mir, als ich schreie: »Sie nicht, nein, sie nicht!« Er steigt aus dem Wasser, setzt Alice, die Augen voller Tränen, stumm, aufs Gras. »Ich bin gleich reingesprungen und habe sie herausgeholt. Sie schmollt nur, das ist alles, sie spielt die beleidigte Leberwurst, na, mein Schatz, spielst du die beleidigte Leberwurst? Hast du Angst gehabt? Wirklich? Aber du weißt doch, dass dir nichts passieren kann, wenn Papa da ist.«

»Was hast du eigentlich gemeint vorhin, als du ›sie nicht‹ gerufen hast? Was meintest du mit ›sie nicht‹? Warum antwortest du nicht? Schmollst du etwa auch? Wie die Mutter, so die Tochter. Was ist denn heute los mit dir? Hast du deine Tage, oder was?«

Man merkt nicht immer, wann eine Liebe zu Ende ist. Manchmal aber schon. Manchmal kann man es genau datieren.

Ich betrachte mich im Badezimmerspiegel, mit nassen Haaren, ungeschminkt, ich sehe meinem Vater immer ähnlicher. Was mache ich eigentlich hier? Was machen wir eigentlich hier? Christian ist kaum noch da, und wir ersticken. »Würdest du gern in Paris leben?«, frage ich Alice, die im Wasser planscht. »Nein, wo ist Paris?«

Ich habe mich bei der UNESCO als Dolmetscherin beworben und die Stelle schließlich bekommen. Die Fußballmannschaft des Kindergartens Canteleu hat ihren besten Torwart verloren, und eine kleine Grundschule im vierten Arrondissement von Paris hat ihn an Land gezogen – so sind nun mal die Gesetze des Transfermarktes. »Warum spielst du eigentlich nie mit Mädchen?«, frage ich Alice (hatte ich gedacht, dass die Hauptstadt ihre Vorlieben ändern würde?). »Das stimmt doch gar nicht«, antwortet sie, »manchmal spiele ich mit Mädchen. Aber Mädchen nerven, die sagen immer, ›Na, du bist nicht mehr meine Freundin!‹, und man weiß nicht einmal, warum. Mit den Jungs bleibt man wenigstens Freunde, die streiten nicht.«

Stimmt nicht immer. Im folgenden Sommer wurde zwischen mir und Christian die Scheidung ausgesprochen. »Das Boot meiner Liebe ist am Alltag zerschellt«, steht als Motto von Majakowski in dem Roman, dessen Übersetzung ich gerade beende.

Auch meine Eltern lassen sich scheiden. Mein Vater hat im Automobilclub, den er oft aufsucht, seit er in Rente ist, zufällig eine ehemalige Patientin getroffen, Elsa, und na ja, auf Ausflügen und bei Vorträgen ist man sich näher gekommen, sie war Single und schon immer in ihn verliebt, seit sie ihn mit sechzehn wegen Magersucht konsultiert hatte, das war im Jahr 1978, er hat ihre Krankenakte gefunden, er hat sie da rausgeholt, man kann sagen, dass sie ihm ihr Leben verdankt. Sie ist immer noch sehr dünn, sehr hübsch, und … »Ich sehe, du versuchst zu rechnen«, sagt mein Vater, »nun, wir sind neunundzwanzig Jahre auseinander, das ist viel, ich weiß, aber die Liebe pfeift auf die Jahre, und wir sind uns also nähergekommen, wir haben eine Menge gemeinsam, haben mehrere kleine Reisen mit der Gruppe unternommen, wir haben, nun ja, um es kurz zu machen, sie ist schwanger.« – »Und Mama?« – »Deine Mutter, nein, die ist nicht schwanger, ha, ha, entschuldige, das war geschmacklos. Nun ja, deine Mutter, deine Mutter nichts, ich habe ihr gesagt, dass ich jemanden kennengelernt habe, sie wird sich damit abfinden müssen, was willst du, sie hat keine Wahl.«

Jemanden kennengelernt, sage ich zu mir selbst. Ich habe jemand anderen kennengelernt, müsste er sagen. Oder war meine Mutter niemand?

Meine Mutter scheint nicht allzu erschüttert zu sein, obwohl sie das Alter ihrer Rivalin schmerzt – sie ist drei Jahre jünger als ich. »Dein Vater schnarcht eh so laut, dass ich seit Jahren nicht mehr schlafe, ich gebe das Problem gerne weiter. Es ist kein Geschenk! Weißt du, was Sacha Guitry sagte, als seine Frau Yvonne Printemps ihn um die Scheidung bat, um seinen Freund Pierre Fresnay heiraten zu können: ›Ich werde mich auf die schlimmstmögliche Weise an ihm rächen: Ich überlasse sie ihm.‹« Erst als ich ihr erzählte, dass Elsa ein Kind erwartet, ist sie aus der Fassung geraten. Der Schmerz huschte wie eine Erinnerung über ihr Gesicht. »Das ist doch absurd! In seinem Alter! Er wird beim Schulabschluss aussehen wie ein Urgroßvater, falls er es überhaupt bis dahin schafft!« Sie schwieg eine Weile und fragte dann: »Weißt du, ob es ein Junge oder ein Mädchen ist?« Ich schüttelte den Kopf, »sie wissen es wohl noch nicht«, sagte ich, »sie ist erst im fünften Monat«. Da verscheuchte meine Mutter die Frage mit dem Handrücken und stand auf, um ihr Medikament gegen Bluthochdruck zu holen, und schluckte es, während sie auf die Wand vor ihr starrte. »Das ändert sowieso nichts«, sagte sie. »Wenn es ein Mädchen ist, machen sie weiter.«

In Paris ist das Leben rauer, teurer, aber nicht einsamer. Christian ist nach Tokio gezogen, Alice besucht ihn in den Ferien. Am Flughafen geht sie nach dem Abschiedskuss mit der Stewardess weg, ohne sich noch einmal umzudrehen, vorbei am Zoll mit ihrem Bären im Arm und dem Fußball im Rucksack – sie wird mit ihrem Vater spielen. Ich stehe hinter der Absperrung und beobachte ihren entschlossenen Schritt, ihren blonden Zopf, der über ihrem Panda-Rucksack hin und her schwingt. Danach existiere ich für mehrere Tage nicht mehr, habe keinen Grund mehr zu leben, drücke zum Schlafen meine Nase in ihr Kopfkissen. Irgendwann ist die Schleuse überwunden, die Mutter in mir zieht sich zurück, und ich verbringe meine Abende auf der Dating-Website Meetic. Ich versuche herauszufinden, ob meine Kontakte schöne Schultern haben, ich möchte das erste Mal wiedererleben, im Schwimmbad Saint-Saëns, als die Lust noch nicht müde war wie ein Kind, das nicht mehr spielen will. Aber ich traue mich nicht, sie um ein

Foto ihres Oberkörpers oder Rückens zu bitten, auch wenn sie selbst nicht zögern, eins von meinen Brüsten zu verlangen. Ab und zu treffe ich auf einen Mann, der versteht, dass im Bett unten zu liegen nicht dasselbe ist wie im Leben. Aber das kommt selten vor. Ich übertrage mehr und mehr Poesie, »*never give all the heart*«, gib nie das ganze Herz. Und für die UNESCO übersetze ich den Bericht einer Professorin für Gender Studies (ich wusste gar nicht, was das ist), spezialisiert auf die Verbindung zwischen Feminismus und Religion. Ich bin erschrocken über die vielen Fragen, die sie aufwirft und die mich ebenfalls aufwühlen, obwohl ich schon lange nicht mehr protestantisch bin. Sie zitiert einen Satz von Hélène Cixous über das Massaker an den Erstgeborenen in Ägypten, das im Buch Exodus beschrieben wird: »Ist es ein Junge, so tötet ihn; ist es ein Mädchen, so soll es leben (das heißt, tötet es auf andere Weise).«

Ich fahre mit dem Zug nach Rouen und dort mit dem Taxi zur Redon-Klinik, in der Elsa am Vortag entbunden hat. Sie ist allein in ihrem Zimmer, blass und selig, das Baby schläft in einem winzigen Bettchen neben ihr. Auf dem Nachttisch steht eine offene Flasche Champagner mit zwei Wassergläsern. Ich nähere mich. »Weck ihn nicht auf«, flüstert Elsa, »er hat gerade getrunken. Du kannst ihn später sehen. Matthieu sagt, er gleiche dir, er sehe genau aus wie du, als du zur Welt gekommen bist, nur als Junge.« Er ist in Weiß gewickelt, ein kleines blaues Plastikarmband am Handgelenk: Adam. Ich habe also einen Bruder von fünfzig Zentimetern und drei Kilo fünf. Ich habe also einen Bruder, der zehn Jahre jünger ist als meine Tochter. »Ihr habt ihn ja gar nicht Jean-Matthieu genannt«, sage ich. Sie sperrt lachend die Augen auf: »Jean-Matthieu? Hör auf, das ist so was von spießig. Nur über meine Leiche!« – »So wollte Papa mich nennen, wenn ich ein Junge gewesen wäre.« – »Ja, Matthieu hat es mir gesagt. Zum Glück bist du ein Mädchen!« – »Ja«, sage ich, »zum Glück.« Sie lacht wieder, ganz leise. »Noch mal Schwein gehabt. Gefällt dir der Name Adam?« – »Ja, er ist schön. Hat ein bisschen viel zu tragen an der Last der Welt: Der erste Mann, das ist keine Kleinigkeit. Aber sehr schön.« In der Stille, die folgt, fliegen Vögel über den Himmel. Es ist grau. Ich frage mich, wie es gewesen wäre, wenn ich einen Bruder gehabt hätte, damals. Ich weiß es nicht. Mein jetziger Bruder könnte mein Kind sein. Mein Sohn, sage ich zu mir. »Ja, du hast recht, Adam, das ist ein komplexer Name. Aber dein Vater ist so glücklich, dass es ein Junge ist. So glücklich. Du machst dir keine Vorstellung.«

Vögel setzen sich auf die Schornsteine. Einige rauchen bereits, der Herbst ist da.

Eine Frau im weißen Kittel betritt den Raum. Es ist Doktor Dubecq. Elsa stellt mich vor: »Meine Stieftochter.« Wir kennen uns, glaube ich, sagt ihr Blick. »Ich … ich gehe dann mal raus, ich lasse euch allein. Elsa, ich … ich bin auf dem Gang.« Ich setze mich in den Warteraum, zwischen die Würfel, die zur Beruhigung der Geschwister aufgestellt worden sind. Menschen gehen mit Blumen vorbei, Säuglinge weinen.

Eine SMS von Christian gibt mir Bescheid, dass Alice

gut in Tokio angekommen ist. Ich schnüre meine Turnschuhe neu, oder falle ich auf die Knie? Tristans Mützchen taucht an der Tür auf, er hat die Würfel gesehen. *Nein, mein Schatz, nicht jetzt, ich bitte dich.* Ich schließe meine Augen, will ihm wenigstens einen Kuss geben, dann ist er wieder weg. Doktor Dubecq ... Wie ist das nur möglich?

»Aber natürlich weiß dein Vater Bescheid«, ruft Elsa kurze Zeit später aus. »Sie ist meine Frauenärztin! Sie hat mich entbunden! Matthieu war dabei! Was? Alkoholikerin? Was erzählst du da? Frau Dubecq war nie Alkoholikerin. Sie behandelt mich schon seit Langem, sie ist großartig, sehr professionell. Woher hast du diesen Unsinn? Das ist reine Verleumdung. Doktor Hailer? Nein, nie gehört. Gehst du schon? Wartest du nicht, bis Adam aufwacht? Dein Vater kann jede Minute da sein. Was ist los mit dir?«

Ich ergreife die Flucht, über die Nottreppe, jeder Schritt bestätigt das Offensichtliche: Mein Vater hat Elsa meine Geschichte nicht erzählt. Nicht nötig. Wozu auch? Ihm jetzt bloß nicht über den Weg laufen, nicht zurückkehren, nichts fragen, nicht erklären, sich nicht wundern, nicht leiden. Aufhören, dich interessant zu machen.

Mein Zug fährt erst in drei Stunden, ich könnte meine Mutter anrufen, um mit ihr gemeinsam auf den Friedhof zu gehen, es ist Allerheiligen, wir könnten Gaëlle und Tristan besuchen. Aber ich will lieber in ein Internetcafé, um zu sehen, was Meetic in Rouen hergibt, ob sich eine Ali-Baba-Höhle finden lässt, eine Wunderlampe, irgendetwas.

Auf der Rückfahrt im Zug geht ein Mann durch den Gang. »Daniel?«, frage ich. Er dreht sich um. »Laurence …« Seine Wangen laufen rosa an, seine Erregung ist so deutlich, dass ich gerührt bin. »Darf ich?« Er setzt sich neben mich und sagt: »Ach, das ist eine ganze Weile her …« Er lebt immer noch in Paris, wo er als Jugendrichter arbeitet, aber fährt oft nach Rouen, um seine alten Eltern zu besuchen. Nach zwei Scheidungen lebt er inzwischen mit einer Psychologin zusammen, die er vor Kurzem am Gericht kennengelernt hat. Er hat keine Kinder, keine eigenen, aber sein Kopf ist voll von ihnen. Seinen Job übt er mit Leib und Seele aus, eine echte Leidenschaft. Er erzählt gerne und ausführlich, scheint sich über diesen Zufall zu freuen. Seine Haare sind verschwunden, aber er hat immer noch eine gewisse Sanftheit in den Augen. Ich höre ihm zu, das ist etwas, das ich kann. »Und du?«, fragt er schließlich. »Was hast du die ganze Zeit gemacht?« – »Was habe ich gemacht? Nicht viel Interessantes. Doch, etwas immerhin: Ich habe zwei Kinder zur Welt gebracht«, höre ich mich zum ersten Mal sagen. »Einen Jungen und ein Mädchen.« – »Ah, wunderbar: Wie man es sich wünscht. Wie heißen sie? Hast du Fotos dabei?« – »Jetzt erzähl doch mal« (ich lenke mit forcierter Leichtigkeit ab), »das ist ja spannend, eine Liebesgeschichte am Gericht? Das muss nicht so häufig vorkommen, nicht? Ist auf jeden Fall romantisch.« – »Ganz im Gegenteil, es ist sogar recht verbreitet. Richter holen oft den Rat von Psychologen ein, besonders, wenn es um Kinder geht. Das ist sehr wichtig, um herauszufinden, ob sie die Wahrheit sagen oder ob sie von einer der Parteien manipuliert werden. Um Traumata aufzudecken, Misshandlung, Missbrauch, Vergewaltigung.« – »Und ist das oft der Fall?« – »Sehr oft. Das kann man sich gar nicht vorstellen. Ich erinnere mich, dass in deinem Zimmer der Spruch ›Familien, ich hasse euch‹ an der Wand hing. Damals war ich ziemlich schockiert, aber im Grunde hattest du recht.«

Ich zögere einen Augenblick, ich habe Lust, von mir zu sprechen. Dann sage ich leichthin, ich auch, ich sei als kleines Kind auch … Ich finde das Wort nicht, aber erzähle es ihm. »Das wusste ich nicht«, sagt er besorgt und leicht beschämt, als ob er seiner Aufgabe als Verfechter der Gerechtigkeit nicht nachgekommen wäre. Das ist etwas, das mich an Männern wie ihm rührt, diese Art, sich schuldig zu fühlen, weil sie nicht in der Lage waren, die Frauen zu beschützen. »Das konntest du nicht wissen«, sage ich. »Es ist auch nicht wichtig. Mir geht es ja gut, wie du siehst!« Er sieht mich schweigend an, als wolle er herausfinden, ob das stimmt.

»Wir sehen uns«, sagt er inmitten der Menge am Ende des Bahnsteigs und gibt mir seine Visitenkarte. »Du rufst mich an, ja? Versprochen?« Ich nicke. Wir umarmen uns. Er verschwindet in der Bahnhofshalle, wo seine Schritte langsam verhallen. Aber nicht für immer, sage ich mir. Doch als ich zu Hause bin, kann ich suchen, wie ich will, ich finde seine Karte nicht mehr.

An den Wochenenden übernachten oft Schulfreunde von Alice bei uns. Anfangs waren auch Mädchen dabei, aber Alice mag es nicht, Model zu spielen, sich Pailletten ins Haar zu stecken oder sich über Jungs lustig zu machen und doch nur über sie zu sprechen, wie sie erklärt, also kommen sie nicht mehr. Sie hat im Schwimmbad, das in der vierten Klasse auf dem Programm steht, das Oberteil ihres Badeanzugs nicht angezogen, das ich ihr jedoch eingepackt hatte. Eine Schande, sagen die Mädchen, komisch, finden die Jungen, ziemlich gewagt, ein Mädchen ohne BH. Die Lehrerin beruhigt die Lage und ruft mich noch am selben Abend an: Die Lösung für die nächste Stunde wäre, dass Alice einen Einteiler trägt. »Ja, ja, natürlich«, sage ich, und die Angst kehrt zurück und tobt in meiner Brust. Alice versteht das Problem überhaupt nicht: »Aber Mamilein, guck doch mal«, sagt sie und wölbt ihren Oberkörper, »ich bin wie ein Junge, ich habe dieselben Nippel auf der Brust wie sie.« Sie hat recht, aber ich möchte nicht, dass sie das weiß, ich möchte, dass sie die Regeln befolgt. Auf jeden Fall schwimmt sie dank Christian sehr gut, beim Kraulen sticht sie alle anderen aus, sogar die Großen aus der fünften Klasse, wie sie stolz erzählt. Die Mädchen ziehen sich also zurück, dafür rennen ihr die Jungen die Bude ein: solche, die wegen des Game Boys kommen, der zu Hause verboten ist, solche, die fußballverrückt sind, solche, die in Alice verliebt sind, und manchmal kommt alles zusammen. Wenn sie allein ist, baut sie Kapla-Burgen und wirft mit dem Schrei »Attacke!« Playmobil-Krieger an die Wände. Ich höre sie in meinem Zimmer, wo ich arbeite, Geschichten über Schiffe und Soldaten erzählen, sie spielt alle Figuren, wechselt die Stimme, die mal mehr, mal weniger ruppig klingt. »Zum

Angriff«, befiehlt sie. »Zu Befehl, Herr Oberst«, antwortet sie. Wenn sie das Theater satthat, ruft sie mich, um Murmeln zu spielen. Ich lasse es mir nicht zweimal sagen, laufe hinüber, um einen uralten, unbefriedigten Wunsch einzulösen, als ich den Jungen auf ihrem Pausenhof beim Spielen zusah. Ihre Sammlung ist wundervoll, und wir lassen Kristalle, Brokate, Konfettis und Agate durch die Wohnung rollen, an den Füßen der Möbel abprallen. »Guck mal«, erklärt sie, »das hier ist ein Katzenauge, das habe ich gestern gewonnen, Paul Beuchet war sauer, er sagte ›Murmeln sind nichts für Mädchen‹, ich wüsste nicht, warum, außerdem hör doch mal, Murmel, Marbel, Märbel, klingt doch fast wie Mädel. Und sowieso, Paul ist doof. Oh, guck mal die da, ein Sternenstaub. Sie ist wunderschön!« Es gibt auch noch den Feuerball, den Eisvogel, den Waldgeist, den Pfau. Sie dreht sie wie Juwelen in ihren so schönen Händen, dann schnippt sie sie in alle Richtungen fort. Abends lese ich ihr *Harry Potter* vor. Oder ich erzähle ihr die Geschichte von *Alice*, die sie wegen des Namens akzeptiert, und auch, weil diese Alice vor nichts Angst hat, dem weißen Hasen ohne zu zögern folgt. Sie leiht sich *Lucky Luke* aus der Bibliothek aus. Einmal hat meine Mutter ihr meine alten *Bécassine*-Bände aus Rouen mitgebracht, die Comicalben über ein naives Pariser Dienstmädchen aus der Provinz. Alice hat höflich ein paar Seiten umgeblättert, sich über die Zeichnungen gebeugt und dann gerufen: »Aber Mama, Oma … Bécassine hat ja gar keinen Mund!« Meine Mutter und ich gingen hin, und tatsächlich, Bécassine hat keinen Mund, nicht einmal einen Strich unter der Nase. Es war uns nie aufgefallen. »Deshalb ist sie so eine Tussi«, schloss Alice, »weil sie stumm ist«, und sie wirft die Alben unters Bett.

Alice' bester Freund heißt Antoine, er hat einen großen Bruder und zwei Katzen. Er übernachtet am Wochenende oft bei uns, und seine Eltern holen ihn am Sonntagabend wieder ab. Sein Vater ist Lehrer, seine Mutter Nathalie Anwältin, spezialisiert auf Frauenrecht. Sie hat täglich mit Vergewaltigungen zu tun und erzählt schreckliche Dinge über häusliche Gewalt, sagt, dass die Frauen immer zu dem zurückkehren, was sie umbringt, dass sie sich nicht zu leben erlauben. Ich nicke (aber vielleicht ist das, was sie tötet, die einzige Art zu leben). »Deshalb«, fügt sie hinzu, »sind wir froh, dass Antoine sich so gut mit Alice versteht. Wenn die Jungs unter sich sind, führen sie sich wie kleine Kerle auf, weißt du, mit ihren Schwertern und Gewehren und ihren ultrabrutalen Videospielen, es ist der Wahnsinn. Mit acht haben sie auf ihrem Game Boy bereits Punkte durch Umlegen ihrer Feinde gesammelt, mit zehn sehen sie sich Pornowebseiten an, traurig ist das. Für uns ist es ganz einfach, wir haben den Game Boy konfisziert. Respekt lernt man von Kindesbeinen an, davon bin ich überzeugt, den freundlichen Umgang zwischen den Geschlechtern, das Zuhören, den Frieden. Darum sind wir hocherfreut über seine Freundschaft mit Alice. Wusstest du, dass er die ganze Zeit bettelt, herkommen zu dürfen!? Er liebt es! Wir ...« Genau diesen Moment hat Alice gewählt, um aus ihrem Zimmer ins Wohnzimmer zu stürmen, gefolgt von Antoine, Tuch um die Stirn, nackter Oberkörper, tatatatatata, tatatatatata, schreien sie, während sie mit ihren Plastikmaschinengewehren auf uns schießen, die ich ihnen schließlich doch gekauft habe, als sie mit mir einkaufen kamen – immer noch besser, als den ganzen Tag mit dem Game Boy zu verbringen, dachte ich, als ich Alice' Bitten nachgab, so haben sie immerhin etwas Bewegung. Ich lüge die Eltern von Antoine an, die vor Überraschung wie vom Schlag gerührt sind: »Es tut mir leid …, ihr Großvater …, zu Weihnachten, Sie müssen ihn entschuldigen«, füge ich hinzu und fuchtle mit den Armen, um einen Waffenstillstand zu erreichen, »mein Vater hat immer davon geträumt, einen Jungen zu haben.«

Und jetzt ist es geschafft, denke ich, sein Traum ist Wirklichkeit geworden. Und du wirst nie wieder ein Kind bekommen.

Manchmal kann ich nicht mehr, wird die Angst zu groß, dann zwinge ich Alice, die Kleider anzuziehen, die meine Mutter ihr schenkt. Da ist vor allem eins, das ich selbst gerne getragen hätte, als ich klein war: blassgelb mit Volant und Blumenborte am Kragen, einfach bezaubernd. Alice weigert sich, rümpft die Nase und streift es dann widerstrebend über. »Du machst das Foto und ich ziehe es wieder aus«, sagt sie. Plötzlich dreht sie sich mit einer anmutigen Arm- und Hüftbewegung um sich selbst, lässt den Volant und die langen, offenen Haare fliegen, und in dieser Eleganz und Kraft liegt ein solcher Zauber, dass es mir die Sprache verschlägt. »Na, Mama, machst du das Foto endlich?« Ich beeile mich, die Zeit ist knapp. »Du könntest eigentlich tanzen lernen, mein Schatz, weißt du das, du bist sehr begabt, das springt in die Augen. Ich habe auch getanzt, ich mochte das sehr. Hättest du nicht Lust dazu?« Sie bläht nur wortlos die Wangen, hat das Kleid schon wieder ausgezogen. »Spielen wir Murmeln, Mama?« – »Okay, ich komme.«

Was bleibt, sind ein paar aus Liebe zugestandene Modenschauen, auf denen umsonst Kleider vorbeidefilieren, in einem alten Fotoalbum, das ich gelegentlich betrachte.

Eines Tages warten wir in der S-Bahn ruhig darauf, dass der Zug den Bahnhof Saint-Michel verlässt. Auf dem Bahnsteig geht ein Punk vorbei, der einen Hund mit Maulkorb und grimmigen Augen an der Leine hält. »Oh, Mama«, ruft Alice, »schau mal, was ist mit dem Hund los? Er ist ganz rot!« Ich hatte gehofft, sie würde es nicht sehen, aber Pech gehabt: Das dicke, violette Geschlecht des Pitbulls steht steif ab, als wollte es gegen die Leine ankämpfen, die unbarmherzig an ihm zerrt. Verzweifelt sehe ich zu dem Mann, der uns gegenüber sitzt, in der Hoffnung auf einen solidarischen, verlegenen Elternblick oder ein amüsiertes Lächeln. Doch der Blick, den ich auffange – nein, ich fange ihn nicht auf, denn er starrt Alice an –, dieser Blick drückt eine solch schauderhafte menschliche Begierde aus, wie ich sie noch nie in meinem Leben gesehen habe (oder einmal vielleicht?). Alle Kraft weicht aus mir – ist es real, ist es eine eingefrorene Erinnerung, die mich überwältigt? Aus den niederträchtigen, auf meine Tochter gerichteten Augen in diesem brutalen alten Gesicht trieft das Laster, die Abgestumpftheit gegenüber der gesamten Menschheit, die Beleidigung der Kindheit. Sie sind der Ausdruck von Grausamkeit, Dominanz, bestialischer Geilheit, reiner Bosheit. Ich bin wie im Kino, ich glaube es nicht recht, bin wie von der Leinwand eingesogen, auf der ein Gesicht das Böse verkörpert – aber wo nur nimmt ein Mann einen solchen Ausdruck her, aus welcher Region seiner selbst? Es gelingt mir, Alice' Hand zu packen und an mich zu ziehen.

»Komm, wir steigen an der nächsten Station aus.« Beim Vorbeigehen streift sie das Knie des Mannes, und das freundliche Lächeln, das sie an ihn richtet, vernichtet mich.

Zu Hause weiß ich nicht, wie ich es ihr erklären soll. Ich beginne damit, dass wir auf alle aufpassen müssen, besonders auf der Straße. Sie unterbricht mich: »Auf die Omas und Opas aufpassen?« – »Ja, sicher. Aber auch auf die Männer, die Jungen. Mit *aufpassen* meine ich, dass wir uns vor ihnen *in Acht nehmen* müssen. Manchmal wollen sie den Mädchen wehtun.« – »Ich weiß, manchmal wollen sie die Mädchen fangen.« Sie sagt nicht »uns fangen« – ich stelle schmerzlich fest, dass sie sich nicht dazuzählt. »Genau, und du hast keinen Grund, dich fangen zu lassen. Dein Körper gehört dir, lass ihn von niemandem ohne Grund anfassen.« – »Ja«, sagt Alice. Und wiederholt nachdenklich: »Mein Körper gehört mir.« – »Du musst immer wachsam sein. Immer wissen, wer um dich herum ist, wer hinter dir ist, ob dich jemand ansieht, ob dir jemand folgt. Man muss auf der Hut sein, aber ohne, dass man es merkt.« – »Wie die

Sioux«, sagt sie und legt sich flach auf den Teppich. Dann zeige ich ihr die Selbstverteidigungstechniken, die unser Vater Claude und mir früher beigebracht hat. »Und wenn du das Gefühl hast, dass jemand Verdächtiges dir folgt, nimmst du die Schlüssel zwischen die Finger wie einen Schlagring, den Daumen raus, so, und wenn er dich angreift, zielst du auf das Gesicht, die Augen, du zögerst nicht.« Sie verzieht den Mund, ihr ganzes Gesicht zerfällt.

Am folgenden Sonntag, als ich an meinem Schreibtisch arbeite, höre ich Alice zu Antoine sagen: »Du packst den Kerl an den Schultern und trittst ihm mit dem Knie in den Schwanz, paff, und du bist ihn los. Dein Körper gehört dir, verstehst du?«

Von Zeit zu Zeit fahren wir nach Rouen, um meine Eltern zu besuchen. Alice freut sich immer, sie mag ihre Großeltern, besonders ihre Großmutter. In der Nacht auf Samstag schlafen wir bei ihr, auf Sonntag bei Opa, wo sie sich mit Adam trifft, »der also ihr Onkel ist«, lacht Elsa. »Du kannst ihn ja Onkelchen nennen, wie in den Stücken von Tschechow«, sage ich beim ersten Mal aus Spaß zu Alice. Aber tief in mir drin hasse ich das Wort »Onkel«, weise es heimlich zurück. Ich selbst halte mich an das Wort »Bruder«, und das Wort »Sohn«.

Bald läuft und brabbelt Adam. Mein Vater – sein Vater, unser Vater! – liegt auf dem Teppich (wie er wohl von da wieder hochkommen wird?) und spielt Autorennen mit seinem Sohn, dem am meisten Spaß der Lärm der ferngesteuerten Autos macht. Alice hält sich die Ohren zu – ich stelle mit Vergnügen fest, dass sie nichts für Autos übrig hat –, den Kleinen hingegen mag sie – ich stelle mit Freude fest, dass sie Babys mag. Vielleicht hätte ich doch auf Puppen bestehen sollen, als sie noch kleiner war, denke ich. Beim Mittagessen schaltet mein Vater das Radio ein. Lucien Jeunesse ist tot, aber die Quiz-Sendung *Le jeu des 1000 francs*, die er im Radio moderiert hat, existiert noch immer, verrückt. In den Nachrichten kommt es zu einem Schlagabtausch zwischen zwei Gästen über die Vergewaltigung einer Journalistin auf dem Tahrir-Platz in Kairo. Einer der beiden empört sich darüber, dass die arabischen Länder stigmatisiert werden, während die Situation bei uns alles andere als rosig ist. »Wissen Sie eigentlich, dass alle sechs Minuten hier in Frankreich eine Frau vergewaltigt wird?«, ruft er aus. »Ach, die Arme!«, sagt mein Vater. Wir lachen. »Er ändert sich nie«, sagt Elsa und sieht ihn mit einem zärtlichen Blick an.

Alice ist inzwischen zwölf. Sie ist ins Collège eingetreten. Sie findet dort fast alle ihre Schulfreunde wieder, aber die Konfiguration hat sich geändert. Der Innenhof gehört den Jungen, und es sind viel mehr als in der Grundschule, die ihn in Beschlag nehmen, um in jeder Pause Fußball zu spielen, sodass Alice ihren Platz nicht mehr findet. Sie wissen alle, dass sie gut ist, aber sie lassen sie auf der Ersatzbank, »sorry«. Manchmal kommt sie erst eine Minute vor dem Klingeln ins Spiel, das ist kacke. Als Antoines Eltern wegziehen, ist der Schlag umso härter. So freundet sie sich gezwungenermaßen mit ein paar Mädchen an, die Rollschuh fahren. Sie laufen nach der Schule mit schlenkernden Armen die Straße vor dem Collège rauf und runter.

Wenige Tage vor ihrer Abreise nach Tokio, wo ihr Vater immer noch lebt, beschließt Alice, sich einen Pony zu schneiden, damit sie aussieht wie Xena, die Kriegerprinzessin, ihre Heldin aus der TV-Serie, die gegen Monster, Götter und den Tod kämpft. Sie hat gezögert zwischen ihr und Sydney Fox, der Archäologin, die von Nigel, ihrem klugen Assistenten, bewundert wird, erklärt sie, aber auch wenn Sydney sich im Kampfsport auskennt, ist Xena trotzdem die Stärkere. Früh am Morgen greift sie zur Küchenschere und schnippelt, ohne überhaupt in den Spiegel zu schauen, aus dem Gedächtnis an ihren Haaren herum. Dann kommt sie in mein Zimmer hereingeplatzt, etwas besorgt, nicht über das Ergebnis, sondern über meine Reaktion. »Das ist ja entsetzlich«, sage ich entsetzt. Sie macht Clownsaugen und schlägt Purzelbäume, aber ich finde es nicht lustig, ganz und gar nicht. »Du siehst ja nach gar nichts aus«, sage ich. Sie scheint das als Kompliment zu nehmen.

»Man muss sie ganz kurz schneiden, das ist die einzige Lösung«, diagnostiziert der Friseur. Alice lächelt bis über beide Ohren. »Das ist ja furchtbar«, sage ich, »kurze Haare mit zwölfeinhalb Jahren! Sie wird aussehen wie ein Junge!« Alice' Augen funkeln. »Nicht unbedingt. Ich bin Visagist«, sagt der Friseur. »Ich werde etwas Hübsches kreieren. Sehen Sie mal«, fügt er hinzu und dreht Alice' Stuhl zu mir. »Es ist alles eine Frage der richtigen Balance. Es gibt in jedem Gesicht Maskulines, im Fall von Alice hier und hier«, sagt er und zeigt auf ihr

Kinn und ihre Nase, »und Feminines: die Augen, der Mund. Man entscheidet sich, was man betonen möchte, das ist alles.« Ich sehe ihn an. Er selbst hat sich offensichtlich für das Feminine entschieden. Alice schwenkt ihren Sitz zum Spiegel, reckt das Kinn und imitiert mit einem gewissen Talent Kirk Douglas.

Als die ersten Strähnen fallen, stehe ich auf. »Ich vertrete mir ein wenig die Beine«, sage ich. Meine Schritte sind unsicher. Das Handy klingelt, es ist meine Mutter. »Ich denke fest an dich an diesem besonderen Tag«, zittert ihre Nachricht. »Du bist meine liebe Tochter. Ich küsse dich, ich habe dich lieb.« Ich bleibe mitten auf dem Gehsteig stehen. Es ist heute. Ich hatte es vergessen. Es gibt nur noch zwei Menschen auf der Welt, die sich an die Geburt von Tristan, an den Tod von Tristan, erinnern. Zwei Menschen auf der ganzen Erde. Drei vielleicht, aber Christian hat nicht mehr diese Aufmerksamkeit für mich. Meine Mutter normalerweise auch nicht. Aber heute schon. Ihre Sanftmut bannt meinen Schmerz für einen Augenblick. Ein Tag ist wie ein Gesicht: Es geht um die richtige Balance. Aber heute ist auch der Tag, an dem Alice beschlossen hat, sich die Haare schneiden zu lassen, denke ich. Auch sie erinnert sich an das Datum, nur auf andere Weise.

»Hier«, sagt der Friseur und reicht mir einen Umschlag, »ich dachte mir, Sie würden sie bestimmt gerne behalten.« Durch die Öffnung sehe ich dicke, helle Locken, mit einer Schleife zusammengebunden. Ich stottere ein Dankeschön. Was für eine Perle, dieser Junge, denke ich.

Alice sieht strahlend aus. Auf der Straße bleibe ich ein wenig hinter ihr zurück, um sie zu betrachten. Sie geht vor mir her, Nacken und Schultern sind frei, ihre Arme schlackern. Ihr Haarschnitt macht sie älter. Sie sieht aus wie ein junger Mann, der vom Mond gefallen ist.

Einige Tage später, an einem Samstagmittag, gehe ich mit der Post in der Hand die Treppe hoch und betrete die Wohnung. Vom Flur aus sehe ich eine Gestalt, die mit dem Rücken zu mir am Küchentisch sitzt, zerzaust, als ob sie gerade aus dem Bett käme, mit einem Tank-Top, das wir damals noch Unterleibchen nannten, die sich mit breiten Ellbogen über eine Müslischale beugt. Vor Überraschung fallen mir die Umschläge aus der Hand: »Wer ist das denn?«, frage ich mich mit klopfendem Herzen, während ich mich in der Dunkelheit bücke. »Hallo, Mama«, sagt Alice, ohne sich umzudrehen. »Guten Morgen, mein Schatz«, antworte ich. »Sag mal, du hast aber lange geschlafen.«

Christian schickt mir aus Tokio eine E-Mail voller Vorwürfe. Alice hat gerade zum ersten Mal ihre Tage bekommen, und er musste zur Apotheke laufen, um das Nötige zu besorgen. »Meinst du, ich weiß, wie man auf Japanisch ›Damenbinden‹ sagt?«, regt er sich auf. »Du hättest daran denken können.« Und sowieso muss er jetzt mal etwas loswerden. »Du hast deine Rolle als Mutter gegenüber deiner Tochter völlig aufgegeben« – deiner Tochter, schreibt er –, »es ist keine Spur Weiblichkeit an ihr. Sie achtet nicht auf ihre Figur, sie ist viel zu muskulös, sie kleidet sich völlig wahllos. Und was soll denn dieser Haarschnitt? Machst du das absichtlich, oder was?« Seine Nachricht macht mich wütend, aber ich muss ihm recht geben: Ich habe es zu weit kommen lassen, ich habe als Mutter versagt.

Alice kehrt mit einem Koffer voller Geschenke zurück: ein geblümter Kimono, paillettenbesetzte Haarspangen, *Mein erstes Make-up-Set* in einem raffinierten Lackkästchen. »Hier, Mama, das ist für dich«, sagt sie, wie sie es mit Kevins Schmuck getan hat. »Nein, Alice, das sind Geschenke von deinem Vater. Du solltest den Kimono anziehen, die Haarspangen anstecken und ihm ein Foto schicken, er würde sich freuen.« Widerwillig nimmt sie die Pakete und geht in ihr Zimmer. »Das Leben ist kein Ponyhof«, seufzt sie.

Von diesem Tag an lasse ich sie nicht mehr aus den Augen. Ich war zu nachlässig gewesen, sie ist in der Pubertät, da muss man seine Taktik ändern, das Ruder herumreißen. Sie ist ein verunglückter Junge gewesen – jetzt wird sie ein geglücktes Mädchen. Das ist mein Ziel.

Ich kaufe ihr Strumpfhosen, High-Heel-Stiefel und werde mir, als ich sie wie eine junge Giraffe vorbeistaksen sehe, bewusst, dass sie noch nie in etwas anderem als in flachen Schuhen gelaufen ist, noch nie etwas anderes als Turnschuhe getragen hat. Ich hatte mit dreizehn bereits kleine Absätze an meinen Riemchenschuhen, auch wenn ich lieber Clarks trug. Ich bringe alle ihre vom vielen Tragen völlig ausgefransten Fußballtrikots zu Emmaus. Ich gehe mit ihr shoppen, kaufe ihr

Röcke und Kleider und werde sauer, wenn sie sie nicht mindestens einmal in der Woche trägt. Sie wehrt sich: »Ich will doch nicht wie eine Mode-Tussi herumlaufen«, murrt sie, aber zu meiner Überraschung macht sie mit. Ermutigt kaufe ich ihr eine Tagescreme, Haarspangen mit Schleifen, Deodorant und das Eau de Toilette Anaïs Anaïs. Ich sage ihr immer wieder, dass sie wunderschön ist, was auch stimmt. Wenn sie auf eine Geburtstagsparty geht, schlage ich vor, ein bisschen Wimperntusche aufzutragen, hier, so, ganz diskret. Ich zeige ihr, wie man nach oben schaut, wenn man die kleinen Pinselstriche ausführt. Geschminkt sind ihre Augen schlicht hinreißend, ich hoffe, sie ist sich dessen bewusst. Die Eltern von Antoine sind ins Ausland gezogen, was mir sehr recht ist. Die Mädchen kommen wieder nach Hause, malen Herzchen auf ihr Hausaufgabenheft und erklären sich zu BFF – Best Friends forever. Ich höre mit Genugtuung, wie sie fröhlich über die Jungs in ihrer Klasse kichern und sich über einen dicken Loser mokieren, der fünf Euro für einen Kuss anbietet. In der Neunten bittet Alice darum, sich Ohrlöcher stechen lassen zu dürfen, was ich selbst nie getan habe. Sie trägt kleine silberne Ohrringe, schlicht und schick. Zu ihrem vierzehnten Geburtstag schenken ihr ihre Freundinnen rosa Nagellack, ein geflochtenes Armband, Haargummis und rufen aus: »Wow, was für ein heißer Feger!« Sie sehen sich das Filmmusical *Die Mädchen von Rochefort* an und singen alle Songs auswendig mit. Ich atme auf, und um mit dem guten Beispiel voranzugehen, achte ich selbst mehr auf mein Äußeres, hänge am Sonntag nicht mehr im Schlafanzug herum. Alles deutet darauf hin, dass mein Unternehmen Weiblichkeit Früchte trägt, auch wenn die Begeisterung der Sportlehrerin im Zeugnis von Alice (eine glatte Eins plus) meiner Überzeugung einen Dämpfer verpasst: »Außerordentliches Talent für Rugby. Bravo!« Großväterlicherseits vorbelastet, kein Zweifel … »Zu meiner Zeit«, sage ich zu Alice, »haben Mädchen kein Rugby gespielt. Es ist viel zu brutal.« – »Ich mag es«, antwortet sie. Ich lasse es durchgehen – solange sie sich nicht die Oberschenkel eines Gedrängehalbs zulegt. Glücklicherweise fängt sie einen Schlag auf die Nase ein, der ihren Eifer bremst. Ich bin entzückt.

Eines Abends sehen wir uns einen Film an, den ich aufs Geratewohl in der Videothek ausgeliehen habe. Plötzlich beginnt eine Sexszene. Fieberhaft suche ich nach der Fernbedienung, kann sie nicht finden, lege ihr meine Hände auf die Augen. »Hör auf, Mama«, sagt sie seelenruhig. »Ich weiß Bescheid. Sie wird ihm einen blasen, und das war's.« Einen blasen! Ich bekomme keine Luft mehr. Und ich hatte vorgehabt, ihr einen Aufklärungskurs zu geben – ich wollte warten, bis sie vierzehn ist! Aber es scheint bereits alles geklärt, wenn ich recht verstehe: Antoines Vater mochte zwar keine Waffen, gegen Pornoseiten auf dem Familiencomputer hingegen hatte er offenbar nichts. Ich frage nach: »Hast du viele davon gesehen?« – »Nein«, sagt sie. »Ich fand es *ekelhaft*.« – »Aber das hat nichts mit dem wirklichen Leben zu tun«, rufe ich besorgt aus. Und ich erzähle ihr vom Wunder der wahren Liebe, wenn man sich richtig liebt, Sex, na, die Vereinigung der Körper, das ist eine Verschmelzung, eine einzigartige Harmonie, ein Mann und eine Frau, das ist, als ob … Ich mühe mich ab, weiß nicht, wo ich die romantischen Bilder hernehme, die ich ihr vorsetze. »Ist schon gut, Mama, brauchst mir nicht dein ganzes *life* zu erzählen.«

Ich bekomme auf Messenger eine Nachricht von Daniel, er hat mich auf Facebook gefunden – »hübsches Profilbild übrigens«, schreibt er. Er hat verstanden, dass ich ihn nicht wiedersehen möchte, fährt er fort, aber er erinnert sich an unser Gespräch im Zug Rouen–Paris und möchte mir einen Vorschlag unterbreiten. Ich kann natürlich ablehnen (aber nein, kann ich nicht). Der Psychiatrieverband, mit dem er am Gericht zusammenarbeitet, organisiert einen internationalen Forschungstag zum Thema Inzest, und er dachte, ich könnte dort vielleicht sprechen in Form eines Erfahrungsberichts, um einen anderen, weniger didaktischen, eher einfühlsamen Ansatz zu ermöglichen. Er kann sich vorstellen, dass das nicht leicht wäre für mich, aber vielleicht würde es mir gut tun, darüber zu sprechen. Vielleicht. »Es ist in Nizza, du könntest deinen Badeanzug mitbringen«, fügt er noch hinzu. Weit ins Meer hinauszuschwimmen scheint mir ein einfacher Wunsch, der leicht zu erfüllen ist, und in diesem Gedanken liegt Sanftheit.

Meine Mutter ist einverstanden, sich in meiner Abwesenheit um Alice zu kümmern, solange es sich nicht mit ihren Chortagen überschneidet – sie hat eine schöne Altstimme an sich entdeckt und probt mit ihrer Gruppe für eine Tournee durch Frankreich. »Was machst du denn Schönes in Nizza?«, fragt sie am Telefon. »Ist es für die Arbeit?« – »Nicht wirklich«, sage ich. »Ich gehe zu einer Konferenz über Inzest.« – »Über Inzest? Wirst du dolmetschen?« – »Nein, Mama, ich gehe als Teilnehmerin.« Die Leere füllt sich mit einem kaum wahrnehmbaren Rauschen. »Aber was hat das denn mit dir zu tun?«, fragt sie schließlich.

»Vielen Dank für Ihren Beitrag, es war sehr interessant. Sie haben uns gesagt, dass Sie immer noch Albträume haben, in denen Kakerlaken, Ameisen und Spinnen vorkommen«, meldet sich ein Psychoanalytiker am Ende des Vortrags zu Wort. »Ist Ihnen schon einmal aufgefallen, wie ähnlich die beiden Wörter Insekt und Inzest sind?« Noch so ein an den Haaren herbeigezogenes Wortspiel, wie immer bei den Psychologen, sage ich zu mir selbst, während er voller Überzeugung seinen Gedanken weiterentwickelt, ich weiß nicht wirklich, worauf es hinauslaufen soll, aber er hat mich interessant gefunden, also lächle ich. Daniel hat übrigens recht gehabt, es hat gut getan zu sprechen. Ich hätte es früher tun sollen – jemanden konsultieren, aufsuchen, wie man sagt. Aber hätte es mich weitergebracht? Heute hat Daniel das Interview geführt, er hat mir die Sache leicht gemacht. Aber ich kann mir nicht vorstellen, meine Geschichten einem Fremden zu erzählen. Schmutzige Wäsche wird zu Hause gewaschen. Daniel sitzt im Publikum und lächelt mir zu. Vielleicht werden wir doch noch miteinander im Bett landen, sage ich mir.

Alice lässt ihre Haare wieder wachsen. Sie ist es leid, zum Friseur zu gehen, um den Schnitt in Form zu halten. Außerdem hasst sie es, in den Geschäften als »junger Mann« angesprochen zu werden, wenn sie eine Hose trägt – und ich hasse es, wenn man mich fragt »Und was meint Ihr Sohn dazu?«. Sie verfolgt mit, wie ihr Haar langsam nachwächst, ärgert sich über die ungleichen Strähnen, die ihr einen unmöglichen Kopf bescheren, arrangiert ihre Haarspangen vor dem Spiegel. »Siehst du«, bemerkt meine Mutter, »ich habe dir doch gesagt, das gibt sich mit der Zeit, diese Jungenhaftigkeit. Deine Schwester war auch so früher ...«

Mein Triumph ist bescheiden, aber absolut. Ich bin so erleichtert, dass ich mir jede Bemerkung verkneife, wenn sie mit Jungs Armdrücken macht, im Kugelstoßen eine Eins plus nach Hause bringt oder nach jedem dritten Satz sagt, das ist mir Jacke wie Hode.

»Gleichzeitig«, fährt meine Mutter fort, »fangen die Probleme jetzt erst richtig an. Mädchen sind nach der Pubertät immer komplizierter als Jungen.« Tatsächlich beginne ich, die Ängste meines Vaters früher zu verstehen. »Soll ich dich zu meiner Frauenärztin bringen?«, frage ich. Alice schüttelt den Kopf, sie wird selbst hingehen, wenn sie will, sie weiß, was zu tun ist, sie ist doch nicht total *lost*.

Und sie hat einen Freund. Entzückt habe ich sie einmal überrascht, als sie sich im Hauseingang küssten. Alice antwortet nicht auf meine gluckenhaften Fragen, gerade so lässt sie sich zu der Information herab, er sei Tunesier und sie habe ihn im Tennisclub kennengelernt.

Ein paar Wochen später macht sie wieder Schluss mit ihm. Er habe sie dauernd gefragt, wo sie gewesen sei, wenn sie nicht mit ihm zusammen war, und das sei ihr auf den Keks gegangen, sagt sie. Und außerdem habe er es nicht ertragen, dass sie ihn im Tennis platt machte. »Diese Machos, die sind mir sowas von Jacke wie Hode«, schließt sie.

Zu ihrem fünfzehnten Geburtstag organisiert sie eine große Party bei uns zu Hause, ich werde gebeten, ins Mitternachtskino zu gehen. »Kein Alkohol«, sage ich. »Natürlich«, versichert sie mir. Sie leiht sich mein weiß-rosa Kleid aus, schlüpft in hochhackige Sandalen. Sie hat Beine wie eine Gazelle, ich bin stolz auf ihre Schönheit, ich selbst habe in ihrem Alter meine Beine nicht richtig zur Geltung gebracht, habe nichts aus ihnen gemacht, ich hätte es tun sollen. Als ich nach Hause komme, höre ich durch die offenen Fenster laute Musik, die Nachbarn müssen stinksauer sein. Im Treppenhaus stürzt mir ein Junge mit nacktem Oberkörper entgegen, stößt mich beinahe um, wobei er mit einer Wodka-Fahne fröhlich ruft, »Hallöchen, die Dame«. Er muss achtzehn oder zwanzig sein, sieht gut aus. Witzig, denke ich, im Haus ist noch ein zweites Fest am selben Tag. Dann wird mir klar, dass er aus meiner Wohnung gekommen ist, und ich traue mich nicht mehr hinein, ich bleibe auf dem Treppenabsatz im unteren Stockwerk stehen, die Schüchternheit lähmt mich, oder die Scham, ich weiß es nicht. Ich fühle mich glücklich und unglücklich zugleich. »Das war Corentin«, erklärt mir Alice. »Er spielt

Gitarre in einer Band.« Ich schminke mich im Badezimmer ab. »Deine Tochter ist groß geworden«, sagt mir der Spiegel.

In der elften Klasse schreibt Alice ihre Abschlussarbeit über Frauen und Feminismus. »Das Schreckliche ist, weißt du, Mama, dass die Frauen immer und überall Angst haben, und das schon immer. Natürlich haben sie bei uns weniger Angst als in Indien oder so, aber ob sie sich dessen bewusst sind oder nicht, sie leben in ständiger Angst, in der Angst vor den Männern.« Ich lege mein Messer neben das Schalenhäufchen und wische mir die Hände ab. »Das stimmt, mein Schatz. Aber es stimmt auch, dass die Männer ebenfalls Angst haben. Muss man Männer und Frauen wirklich gegeneinander ausspielen? Muss man …« – »Das ist überhaupt nicht dasselbe. Die Herrschaft geht von den Männern aus. Dass einige von ihnen Angst haben, okay, wir werden keine Tränen vergießen deswegen. Eine Frau hingegen lebt unter dauernder Bedrohung, und das schon als ganz junges Mädchen. Warum hättest du mir sonst beigebracht, mich zu verteidigen, als ich klein war? Erinnerst du dich: ›Piff, paff?‹« Sie ahmt den Knietritt nach. »Das ist, weil du Angst hattest um mich. Alle Frauen haben Angst, so ist es nun mal. Es gehört zum Alltag, sie haben die Gefahr so sehr verinnerlicht, dass manche von ihnen sie gar nicht mehr bemerken, aber trotzdem … Eine bedrohte Frau, das ist wie ein Pleonasmus.« – »Zugegeben. Aber die Angst, nicht auf der Höhe zu sein, die Angst, es nicht richtig zu machen, es nicht zu schaffen, die Angst zu versagen, das betrifft auch die Männer, richtig? Ihr Mädchen von heute, ihr seid so …« Alice steht abrupt auf, taucht die geschälten Kartoffeln ins Wasser und sagt, den Sparschäler in der Hand, mit zitternder Stimme: »Der Unterschied, Mama, zwischen Männern und Frauen ist, dass Männer Angst haben um ihre Ehre, während Frauen Angst haben um ihr Leben. Es ist noch niemand an Spott gestorben, an Gewalt schon.« Ich stehe ebenfalls auf, ich weiß, ich nehme sie in meine Arme, »kuscheln«, sagt sie. Als sie klein war, habe ich sie wie nichts vom Boden gehoben, ihr kompaktes Federgewicht hat mich tief gerührt. Welche Macht ich hatte! Das kann ich heute nicht mehr, genauso wenig wie mit ihren Füßen auf meinen mit großen Roboterschritten durchs Zimmer marschieren. Ihr Handy klingelt, sie stürzt mit einem verführerischen »Hallo« aus der Küche. Vor mich hin summend decke ich den Tisch. Ich finde Alice zu radikal, zu unversöhnlich, aber unsere Diskussion hat mich froh gestimmt, wir diskutieren unter Mädchen, sage ich mir.

»Mama, störe ich dich?«, fragte Alice, als sie mein Zimmer betrat. »Nein, mein Schatz, du störst mich nie«, antwortete ich, ohne mich umzudrehen, den Blick auf den Bildschirm meines Computers gerichtet. Sie stellte sich hinter mich und tätschelte meinen Scheitel. »Ich wollte nur sagen, dass ich heute Abend ausgehe.« Sie machte eine Pause, ich löschte zum dritten Mal die Übersetzung des Satzes, mit dem ich seit fünfzehn Minuten gerungen hatte. »Und es kann sein, dass ich das ganze Wochenende nicht zum Schlafen nach Hause komme«, fügte sie hinzu.

Ich unterbrach die Arbeit, schwenkte meinen Stuhl, sah zu ihr auf: »Wie bitte?«, fragte ich. Sie setzte sich auf mein Bett. »Gehst du zu Isa?« Isa ist eine Schulfreundin, deren Eltern ein Haus in Étretat haben. »Nein«, antwortete sie, »es ist nicht Isa. Es ist jemand, den du nicht kennst.« – »Und das verkündest du mir einfach so, in letzter Minute«, sagte ich angesichts ihres verschmitzten Lächelns – nein, eher schelmisch, dachte ich, das wäre das richtige Wort, die bestmögliche Übersetzung, ein schelmisches Lächeln, schalkhaft, aber auch ein bisschen frech, mit einem Anflug von Rebellion, versteckt unter einer charmanten Fröhlichkeit. »Wie sollte ich es dir denn sonst verkünden?«, fragte sie und streckte sich der Länge nach auf meinem Bett aus, die Arme entspannt neben dem Kopf, in dieser Haltung des Ausgeliefertseins von schlafenden Babys, die sie nie verloren hat. »Das weiß ich eben nicht. Du tust so geheimnisvoll. Ich folgere daraus, dass etwas im Busch ist.« – »Kann schon sein.« Inzwischen hatte sie die Beine zur Decke gestreckt, machte die Kerze. »Und?« Sie lächelte. »Warte mal, lass mich raten«, fuhr ich fort, »du bist verliebt?« Sie zappelte mit Händen und Füßen wie eine glückliche Marionette. Und zur gleichen Zeit versuchte mein Geist mit meinem rasenden Herzen mitzuhalten (es ist also so weit. Nimmt sie die Pille? Habe ich ihr alles gut erklärt? Ist sie gegen Hepatitis geimpft? Sind die Präservative, die ich ihr letztes Jahr gekauft habe, noch nicht abgelaufen? Und das Französisch-Abi in einem Monat?). Sie hatte sich aufgerichtet und sah mich mit demselben spöttischen Lächeln an, ohne etwas zu sagen. »Du bist verliebt und willst über Nacht bei ihm bleiben, stimmt's?« Sie öffnete leicht die Lippen, ein Schatten glitt über ihre Augen, der Flug eines Vogels. »Na los, erzähl schon«, sagte ich und hielt ihr meine Hand hin, die sie nahm. »Wie heißt er denn?« Sie strich mit ihrem Finger über die Vene an meinem Handgelenk, die schon seit einiger Zeit deutlich sichtbar ist, verharrte eine Weile mit gesenktem Kopf, dann schaute sie mich an. »Mama«, sagte sie. »Ja«, sagte ich, »ich bin hier.« Sie lächelte mich an – und wenn sie so lächelt, dann strahlt sie, ich kann es nicht anders sagen, dann ist sie eine Sonne. »Es ist nämlich so«, sie hielt inne, als wäre ihre Stimme von den Lippen aufgehalten worden, dann gab sie mir einen kleinen Klaps auf den Handrücken und sagte, ganz von Licht erfüllt: »Es ist ein Mädchen.«

EPILOG

Du kannst nicht sagen, dass du erstaunt bist, obwohl du es bist. Du bist wie vom Blitz getroffen, vom Donner gerührt. Was dich verblüfft, ist die Weise, wie es gekommen ist, diese Art Verkettung, bei der du dir als das schwache, vielleicht sogar als das fehlende Glied vorkommst. Du bist erstarrt, wie unter Schock, aber das Wort verwendest du nicht mehr, seit du es in Tristans Krankenakte gesehen hast. Das Bild hat dich nie verlassen, seine konkrete Materialität: ein Baby, das vor Schock gelähmt ist, dessen Herz aufhört zu schlagen, die Überraschung des Todes, während es noch lebt. Es gibt Wörter, die tragen den Fluch in sich, du hast es selbst erfahren. Auch dir verschlägt das Erstaunen den Atem, die Zeit ist ein Felsen, den du aufzurichten versuchst und der den Hang hinunterrollt. Du möchtest verstehen, aber du weißt nicht, was. Was gibt es da zu verstehen? Du bewegst dich auf fremdem Terrain, in einem Land, dessen Sprache du nicht sprichst. Du kannst es nicht übersetzen, es ist zu weit weg von dir, von dem, was du kennst. Vielleicht ist es dein verletzter Stolz: Du hattest dem Lauf der Dinge nichts entgegenzusetzen, das Leben geht seinen Gang, spielt sich ohne dich ab, du hast noch nie über irgendetwas entschieden. Die bunten Arabesken auf deinem Computerbildschirm hypnotisieren dich, du bist wie benommen. Eine Erinnerung aus deiner Kindheit taucht auf, wer weiß, warum. In dem Innenhof, auf den das Zimmer hinausging, das du mit deiner Schwester teiltest, gab es Dutzende von Kaninchenkäfigen – in Rouen? Ja, mitten im Zentrum von Rouen. Man konnte sie frühmorgens, noch vor den Tauben, in ihren zu kleinen Ställen mit den Ohren an die Wände schlagen hören. Du durftest nicht zu ihnen gehen, um sie zu füttern, der Hof war abgeschlossen. Du hast dich all die Jahre nie gefragt, wozu die Kaninchen da waren, wahrscheinlich hattest du Angst zu hören, dass sie als Hasenpfeffer auf dem Tisch landeten. Dann, eines Tages, waren sie verschwunden. Keine Käfige mehr, kein Lärm mehr, nichts. Du hast deinen Vater danach gefragt, und dein Vater gab dir die Antwort, er kannte sie natürlich. Die Kaninchen gehörten dem medizinischen Analyselabor im ersten Stock unseres Hauses und wurden für Schwangerschaftstests verwendet. Um herauszufinden, ob eine Frau schwanger war, wurde einem Kaninchen Urin von ihr in den Rücken gespritzt. Wenn es der Fall war, fuhr der Vater fort, führte das im Urin enthaltene Schwangerschaftshormon dazu, dass die Eierstöcke des Hasen anschwollen – oder eher der Häsin, aber das Femininum wird bei Hasen nicht oft verwendet. Und wie fand man heraus, ob die Eierstöcke angeschwollen waren? Indem man das Kaninchen tötete natürlich, du Dummerjan. All diese ausgeweideten Kaninchen haben dir das Herz gebrochen, das rote Bild hat dich verfolgt, fast bis an den Rand des Erstickens. Du hast deine Mutter gefragt, ob sie durch einen Hasen erfahren hat, dass du zur Welt kommen würdest, aber entweder hat sie nicht zugehört oder die Frage nicht richtig verstanden, denn sie antwortete zerstreut, »Mein Häschen bist du«, und du hast dir geschworen, nie Kinder zu bekommen. Warum ausgerechnet jetzt diese Erinnerung? Du weißt es nicht. Als Ablenkung. Da du dich nicht mehr konzentrieren kannst, machst du den Computer aus, du spürst eine leichte Übelkeit. Alice streckt den Kopf zur Tür herein, aufbruchbereit. »Mama?« – »Ja?« – »Ich mag dich auch.«

Es wird der Abend kommen, an dem sie weinend von einer Ehe-für-alle-Kundgebung nach Hause zurückkehren wird und du nicht weißt, was du tun sollst. Ein alter Mann wird sie anspucken und als Schlampe beschimpfen, sie wird sprachlos zusehen, wie der Speichel an ihrer Jacke hinunterläuft. »Ein Mann, der mein Opa sein könnte«, wird sie sagen, und der Schmerz ihrer sechzehn Jahre wird so groß sein, dass es dir die Tränen in die Augen treibt. Es wird der fünfundsiebzigste Geburtstag deines Vaters kommen, und im Zug nach Rouen wirst du Alice, die du gebeten hast, sich zu diesem Anlass etwas Wimperntusche aufzutragen, raten, »nicht darüber zu sprechen, es ist besser so«, und dann angesichts ihres traurigen Blicks hastig hinzufügen: »Er würde es nicht verstehen« (und du, verstehst du es?). Es wird der Moment kommen, da dein Vater, nachdem Adam seine Kerzen ausgepustet hat, gegen die Demonstranten wettert, die ihn am Tag zuvor daran gehindert haben, seinen Sohn zum Fußball zu bringen – »die gehen mir auf den Sack, die Schwulen«, wird er sagen. Du wirst Alice ansehen, ihr Zögern spüren, aber sie wird nichts sagen und du wirst unendlich erleichtert sein, dir wäre es am liebsten, wenn niemand es weiß, wenn sie es niemandem sagt. Nichts existiert wirklich, solange es nicht ausgesprochen ist, du hast die Erfahrung gemacht, mitsamt dem Teil der Verstümmelung, der dazugehört vielleicht, aber auch mit einem heilsamen Vergessen, wirst du denken. Was deine Mutter betrifft, so wird sie, wenn sie beim Friseur in *Paris Match* blättert, ihre Enkelin unter dem Schild »Ich will mich auch scheiden lassen« erkennen, und dann wirst du es nicht mehr leugnen können, erstens, weil deine Mutter es war, die ihr die rote Mütze gestrickt hat, die sie darauf trägt, zweitens, weil sie das schwarze Klebeband für ihr Schild von dir ausgeliehen hat, und der Slogan wird dich trotz allem ziemlich zum Lachen bringen, trotz deiner Angst. »Ach, das legt sich wieder, bevor du auf drei zählen kannst«, sagt deine Mutter, »ich hatte mit siebzehn auch mal etwas mit einem Mädchen. Mit meiner Freundin Paulette«, wird sie zu deiner großen Verblüffung präzisieren. »In diesem Alter weiß man nicht so recht, was man will, man probiert aus, testet, und dann geht es wieder vorbei.«

Und schließlich wird der Tag kommen – du nimmst es dir übel, aber es wird zu spät sein, du kannst den Lauf der Angst nicht aufhalten –, der Tag, an dem du dich Alice gegenübersetzt, die ... Ja, ich erinnere mich. Halt, lass mich ausreden. Warum sollte man nicht von seiner Geburt erzählen dürfen?

Ich setze mich Alice gegenüber, die im Wohnzimmer auf ihrem Handy herumtippt, ich sehe sie an, ihr langes blondes Haar fällt ihr bis zur Taille, sie trägt ein T Shirt mit dem Aufdruck »Little Miss Butch«, sie ist gerade siebzehn geworden, sie ist schön. »Weißt du, Alice, manchmal denke ich, es ist wegen mir.« Sie blickt nicht auf, fragt zerstreut, »Was denn, Mama?«, während sie weiterschreibt. Ich räuspere mich. »Ja, ich sage mir, dass ich es nicht richtig angestellt habe, ich konnte dir nicht vermitteln, was es, ich meine, es ist die Aufgabe einer Mutter gegenüber ihrer Tochter, nun ja, sie anzuleiten, na ja, ihr die Freude an, am, an der Feminität zu vermitteln.« Bei diesem Wort schaut sie auf, ihr klarer, dunkler Blick durchdringt mich. »Mama. Warum sagst du mir das alles?« – »Nein, mein Schatz, es ist nur, wenn ich dich so ansehe, so schön ohne jedes Make-up, ohne alles, dann denke ich, du könntest, na ja, ich sage mir, dass ich bestimmt irgendetwas versäumt habe in deiner Kindheit, ich weiß nicht, es muss irgendetwas geben, was ich nicht richtig gemacht habe. Es ist alles meine Schuld.« Sie richtet sich auf, sieht mich an, ohne zu blinzeln, scharf. Ich sehe mein verbogenes Spiegelbild im Blau ihrer Iris. »Warum deine Schuld? Was ist deine Schuld, Mama? Wenn du sagst, es sei deine Schuld, dann heißt das, dass du etwas getan hast, eine Straftat, ein Verbrechen. Wo gibt es denn hier eine Schuld, Mama?« – »Aber das weißt du doch …« Ich wage nicht, sie anzuschauen, ich stottere, ich schäme mich, aber als ich wieder zu ihr aufblicke, haben mir ihre Augen bereits verziehen, ich sehe, wie sich die Liebe direkt vor mir bedingungslos vollzieht: Ihre Augen verzeihen mir. »Ich denke zum Beispiel an Tristan. Ich hätte es dir nie sagen dürfen. Du wolltest ihn ersetzen, du hast dich nie richtig geliebt gefühlt, du …« – »Und deshalb bin ich lesbisch geworden, denkst du? Das meinst du mit Schuld?« Beim Wort »lesbisch« stockt mir der Atem, doch die anderen Wörter sind genauso unerträglich, invertiert, andersherum, sogar homosexuell, es fällt mir schwer, es zu hören, es auszusprechen, ich muss mir eingestehen, dass ich mich nicht daran gewöhnen kann. »Mama, zwei Dinge«, sagt Alice (diese Freude hingegen, wenn sie »Mama« sagt, diese funkelnde Freude jedes Mal). »Erstens: Du weißt gar nichts. Vielleicht wäre ich heterosexuell, wenn Tristan nicht gestorben wäre, aber vielleicht auch nicht. Zweitens wäre ich dann vielleicht nicht hier, aber vielleicht doch. Und überhaupt haben wir schon darüber gesprochen: Man sucht sich seine Sexualität nicht aus, man entscheidet sich nicht, verstehst du? Es ist nicht nötig, sich zu sagen: Es ist darum, deswegen, deshalb, ich hätte das, ich hätte dies tun sollen, usw. Es ist so. Punkt.« – »Ja, natürlich, Liebes, ich wollte nur darauf hinweisen, dass es Umstände gegeben hat, die, nun ja, es ist schade.« Alice versteift sich. »Schade? Aber was ist denn, Mama? Wo ist denn das Problem?« – »Na, weißt du, manchmal macht es mir Angst, ich frage mich … Meinst du, du wirst dich niemals in einen Jungen verlieben? Ist das unmöglich?« Sie zuckt die Schultern. Diese Diskussion beginnt sie zu ermüden. »Ich weiß es nicht. Vielleicht. Nichts ist unmöglich. Es gibt Jungen, die ich schön finde, aber …

Man verliebt sich in einen Menschen, in eine Person, nicht in eine Sache, nicht in ein Geschlecht. Theoretisch schließe ich also nichts aus, aber … Und außerdem möchte ich dich daran erinnern, dass ich mit Sophie zusammen bin. Wir haben es sehr gut zusammen. Wir lieben uns.«

Ich sollte aufhören, ich sollte die Klappe halten, aber es ist, als ob ich mich von einer uralten Angst reinigen müsste, von einer archaischen, tief verwurzelten, verzehrenden Angst, von einem wimmelnden Schwarm Insekten, fleckigen Händen, die mich umschwärmen und sich an mir festkrallen, sich einen Weg bahnen. »Aber dann«, sage ich wieder, und es ist fast ein Aufschrei, »wirst du ja nie mit einem Jungen schlafen?« Sie lacht ihr spöttisches Lachen, und ihr Lachen ermutigt mich. »Nicht einmal, um es mal auszuprobieren? Das wäre doch schade.« Sie sieht mich sanft an, mit leichter Ironie, sie streckt sich. »Und du, hast du noch nie mit einem Mädchen geschlafen, Mama? Nicht einmal, um es *mal auszuprobieren*?« Ich schüttle den Kopf, verdrehe die Augen, »Sonst noch was?«, ich lache, um meine Verlegenheit zu überspielen, und ihre vielleicht auch. »Na siehst du. Warum sollte ich es dann *mal ausprobieren*, wenn man dir nie dazu geraten hat?«

Was antworten? Als ich mich über den Couchtisch lehne, um nach meinen Zigaretten zu greifen, lasse ich das Feuerzeug fallen. Ich hebe es auf. Plötzlich fällt die Sonne durch die Fenster, eine Aufhellung. Ein Engel geht vorüber, Tristan setzt sich ans Ende des Sofas, seine Anwesenheit umhüllt uns unauffällig, seine Schwester und mich, bevor er genauso sanft wieder verschwindet. Alice schreibt ihre SMS zu Ende, dann schaut sie mich an, sie denkt nach, überlegt. Ihr Gesicht ist von transparenter Schönheit, man sieht die unversehrte Kraft ihrer Unschuld, ihre grundsätzliche Unfähigkeit, jemandem wehzutun, zu zerstören, zu hassen, ihren Schalk.

»Weißt du, Mama«, fährt sie fort – sie spricht sehr deutlich, und witzig, es liegt ein Hauch Pädagogik in ihrer Stimme –, »ein Mädchen ist auch gut. Und weißt du …« – sie lächelt wie über eine Erinnerung –, »ein Mädchen, das ist wundervoll.«

Manchmal reicht ein Satz, um Monumente niederzureißen. Kerker der Angst, Schutzwälle der Scham, der Turm stürzt ein, dessen Gefangene und Kerkermeisterin man zugleich war, und plötzlich ist alles voller Sonne, Schluss mit dem Verlies. Herbe Luft füllt die Lunge, es kratzt und heilt, und obwohl das Licht hell ist, blendet es nicht. Es reicht ein Satz, kaum ein Satz, ein Wort, ein fehlendes Adjektiv in einem unvollständigen Satz, ein kleines Etwas, das ihm fehlte, das ihm so sehr fehlte und das sie, Alice, nun hingetan, behutsam an seinen Platz gesetzt hat, ganz unauffällig, und plötzlich öffnet sich die Welt, ein neuer Sinn tut sich auf, du kommst an und es ist das Wunderland. Dann bleibt nur eines zu tun, und ich habe es getan: Man muss den Satz auffangen, mit beiden Händen packen und bewahren, das Passwort wiederholen, es weitergeben und nie mehr vergessen.

»Du hast recht, mein Schatz«, habe ich gesagt, »ein Mädchen, das ist wundervoll.«

ANMERKUNGEN

Das Zitat auf S. 133 stammt aus: Jacques Prévert, *Gedichte und Chansons*. Französisch und Deutsch. Nachdichtungen von Kurt Kusenberg, Reinbek bei Hamburg, 1971 , S. 77.

Der Satz auf S. 182, »Ein Würfelwurf wird nie den Zufall aufheben«, bezieht sich auf den Titel von Stéphane Mallarmés Gedicht *Un coup de dés jamais n'abolira le hasard*.

S. 184: Das Zitat von Marcel Proust stammt aus *Die Suche nach der verlorenen Zeit*, »Intermittences du cœur«.

S. 209 –213: Diese für das Buch leicht bearbeiteten Seiten sind bereits erschienen in *Les lucioles*, ouvrage collectif publié au bénéfice des jeunes de l'association LGBT »Le Refuge« (Lulu Books, 2014).